十二因縁

長澤 義満

目次

4．なぜ、三災は起こるのか

「善と悪と人間の進化」

人間は極善にして極悪の生きもの
善とは何か、一切の生きものを生かす行為
悪とは何か、相互依存関係に存る生きものを
分断・破壊する行為
善は本体、悪は影、悪は常に善に寄り添う
地上は善と悪との戦場
善は欲望を制御し、悪は欲望を肥大化させる
仏は宇宙を相互依存と見、魔王には我が支配地と映る
草露の一滴ほどの美しく小さなはかない地球
全ては天より与えられたもの
それを我がものと言い、我こそ帝王と言い、
我が国こそ大国とうそぶく人間の傲慢

十二因縁

善も悪も、民衆という土壌に咲く花
よって善の民をもって王とし、民主主義の基とす
民の平等大慧をもって国を造る、これ安国の原理
民主主義とは生命第一主義の異名
一国も一人も善によって栄え、悪によって滅ぶ
万の魔王も一仏に勝つことはない
これ宇宙を貫く法則、因果の法則
この不可思議な宇宙を妙という
一定の法則に従っているがゆえに法という
原因と結果が同時に起こるが故に、華と実が
同時に存在する蓮華に例う
常に進化を続けるが故に経という
大悪は大善の生まれる前兆
ようやく人間は、新たな識を手に入れ進化を始めた

あらゆる生きものが輝く時代、生命の時代の開幕

1．はじめに

『十二因縁』は私にとって、『碧い大地』に続く二作目の作品です。いずれも、日本から興るであろう人類の新たな文明をテーマにしています。新型コロナの発生とロシアのウクライナ侵攻は、人類の未来を根底から揺さぶる事態となりました。これまで築き上げてきた現代科学文明が、得体の知れない力によって脆くも崩れ去ろうとしています。人類が大きな転換点を迎えたということに異論を挟む人は少ないのではないでしょうか。

人類は産業革命以後、急速な工業化により物質面の豊かさを享受してきました。反面、自然環境の破壊、資源の枯渇、各地の紛争、格差や人権問題など多くの課題を抱えています。とくに三災といわれる飢餓（異常気象などによる）、疫病、戦争はむしろ、深刻度を増しているように思います。異常気象や疫病は見えない敵との戦いで防戦一方です。人間が起こす戦争はさらに悲惨です。あらゆる生きものが生きてゆくのに十分な資源と環境を与えられながら、人間は自ら三災を招きよせ破壊し続けているのです。三災の起こる要因には共通点があります。自然を、他の生きものを、そして他者を自分とは異質なもの、あるいは敵と見做(みな)していることです。そこには、人間の知に対する過信と生命に対する無知があるのです。

新型コロナは変異を続け未だに収まる気配はありません。その対応策も、〝新型コロナの絶滅〟から、〝共存〟へと変わりつつあります。また世界各地で頻発する山火事や地震、火山の噴火、異常降雨による洪水被害も多発しています。このような状況を見ると、人間は何か、根本的な間違いを犯しているのではないかとの思いが起こります。ドイツの哲学者カントの『純粋理性批判』に述べられているように、人間の知は現代科学文明を切り開いてきたが、同時に現在の世界の混迷を避けられない運命を抱えていました。人間の知は、それを生み出す本体である生命について理解できないという問題です。

イスラエルの歴史学者、ユヴァル・ノア・ハラリは『サピエンス全史』のあとがき、「神になった動物」でこのように書いています。

「七万年前、ホモ・サピエンスはまだ、アフリカの片隅で生きていくのに精一杯の、取るに足りない動物だった。

ところがその後の年月に、全地球の主となり、生態系を脅かすに至った。今日、ホモ・サピエンスは、神になる寸前で、永遠の若さばかりか、創造と破壊の神聖な能力さえも手に入れかけている。不幸にも、ホモ・サピエンスによる地球支配はこれまで、私たちが誇れるようなものをほとんど生みだしていない。――

過去数十年間、私たちは飢饉や疫病、戦争を減らし、人間の境遇に関しては、ようやく多少なりとも真の進歩を遂げた。――

そのうえ、人間には数々の驚くべきことが出来るものの、私たちは自分の目的が不確かなままで、相変わらず不満に見える。カヌーからガレー船、蒸気船、スペースシャトルと進歩してきたが、どこへ向かっているかは誰にもわからない。――

物理の法則しか連れ合いがなく、自ら神にのし上がった私たちが責任を取らなければならない相手はいない。その結果、私たちは仲間の動物たちや周囲の生態系を悲惨な目に遇わせ、自分自身の快適さや楽しみ以外はほとんど求めないが、それでもけっして満足できずにいる。自分が何を望んでいるかもわからない。不満で無責任な神々ほど危険なものがあるだろうか？」

ホモ・サピエンスの歪んだ欲望が現代の危機的な状況を生み出したのです。現代科学文明は、物質に関する物理の法則を育てましたが、心の法則を育てることが出来なかったのです。

ホモ・サピエンスとは現在の人類のことです。生物学的には私たちはヒト科ヒト属に分類されます。ホモ・サピエンスはヒト属の一種です。過去には多くのヒト属が存在しましたが、三万年前のネアンデルタール人の滅亡を最後に、残されたのがホモ属のサピエンスという生きものだけとなったのです。サピエンスとは賢（かしこ）いという意味ですが、この生きものの知の力が現代科学文明を築いたのです。しかし、「知恵（知）ある動物」とも言われるように、高度な知を手に入れながらも、知の弱点と獣（けもの）としての習（なら）い性が三災を引き起こすのです。

知はものに対する識別や分析に有効に働きますが、社会にあっては分断、差別、格差や自己優位性の要因ともなります。これに対して智慧は人間をより本質的な視点から見る力です。人間の物としての働きと、心の働きに焦点をあてて、一切の事象を見ようとするのが智慧です。智慧は一切のものは相互依存関係の上に成り立っていると見るのです。知は差別化、智慧は統合化の働きなのです。あらゆる生命はこのバランスの上に成り立っているのです。

人類が危機的な状況の中にあって、日本の置かれた立場や役割については政治面、経済面、あるいは軍事面などさまざまな角度から論じられています。より本質的に日本の役割は何かと考えれば、仏教文化の中で育まれてきた生命を大事にする心ではないでしょうか。人間生命には、現代文明を根底から変革する力を内包しています。それを説いたのが十二因縁です。

十二因縁の意味を集団で獲得したとき新たな文明が誕生するのだろうと思います。村山節の『文明の研究』には、東西の文明は八百年単位で交代していて、今は東洋文明の勃興期にあることが述べられています。

日本社会は進化の生みの苦しみにもがいているように見えます。これまで生命を大事にする文化を育んできた仏教は、時代の流れの中でその影響力を失いつつあります。次の時代を担う子供達にとってその土壌は無いに等しい時代なのです。

それを補うＡＩや仮想空間などの最新科学技術を駆使した支援システムの開発も必要でしょう。それが智慧を触発する一縁になれば大きな流れを作ることも可能です。

仏教があって人間があるのではなく、人間がいて仏教が生まれたのです。もともと人間は誰もが、生命の奥底に智慧の力を持っているのです。ヒント一つで答えを出す人も少なくないのです。ブッダも、天台大師も、日蓮も仏教を縁として智慧の力を磨いたのです。

仏教の無いときは自然界から学んだのです。あくまでも自分の力で切り開く以外にないのです。

西洋の知の文化に対し、東洋の智慧の文化が、ここ日本より起ころうとしています。その智慧の力は「失われた三十年」の暗闇を照らし、米中対立を克服し、新しい政治、新しい経済システムを生み出す原動力となるでしょう。
草花が時を感じて花開くように、新文明の種子は、三千年の時を経て一斉に芽吹き咲き乱れる季節に入ったと確信しています。『十二因縁』がその縁となることを願うものです。

2022年　10月

2. 宇宙は一個の生命体

2.1 三千年の心の研究の成果
—日本で完成した高度な仏教—

宇宙は一個の生命体。その姿と働きは人体の構造に似ている。それは人間がそのまま宇宙大の智慧と力を持つということです。これがインド発祥の仏教の根幹となる思想です。現在の人類の危機の根本要因はこの思想の乱れにあり、その対処法もここから生まれます。三千年の時(とき)は、日本社会に熟成の時間とそれらのことを実現させる能力を与えたということもできます。日本が持つ高度な科学技術との融合により誰もがその智慧と力を手に入れられる時代に入ったといえるでしょう。

三千年に一度咲くと言われる優曇華(うどんげ)の花があちこちで咲いたというニュースが聞かれます。優曇華は『法華経』にも説かれています。天台大師は『法華文(ほっけもん)

句（ぐ）』でこのように解説しています。「優曇華は、霊瑞（れいずい）の意を示し、三千年に一度現れる。この花が現れたときに、金輪王（こんりんおう）（轉輪聖王（てんりんじょうおう））がこの世に現れる」と。時（とき）の持つ意味の深さを思い知らされる言葉です。

宇宙は物質エネルギーと心のエネルギーの相互作用で成り立っていると仏教では説いています。あらゆる星や星雲や生きものを生み出す力を内包しているのです。宇宙は人体と同様にそのまま秩序だって動いています。人間の肥大化した欲望がそのリズムを狂わせるのです。人間の生きかたは三災といわれる戦争、疫病、異常気象と密接に関わっています。仏教の歴史はその心の仕組みの解明と蘇生への戦いの歴史でもあったのです。

紀元前五世紀頃、インドに生まれたブッダによって仏教は誕生します。悟りを開いたブッダは、人一人との対話を通じて法を広めました。多くの弟子が生まれ、特に十大弟子の智慧（ちえ）第一といわれた舎利弗（しゃりほつ）や頭陀（ずだ）（乞食行（こつじきぎょう））第一の迦葉（かしょう）等によってインドに広まりました。紀元百年前後の仏教界においては、伝統的・保守的仏教は国王・藩候・富豪などの庇護（ひご）のもと圧倒的に優勢な社会的勢力をもっていましたが、一般民衆ならびにその指導者であった説教師の間では新たな宗教運動が起こりつつありました。それがいわゆる大乗仏教です。これに対して伝統的・保守的仏教は一般的に小乗仏教といわれていますが、これは大乗仏教側から投げつけられた貶称（へんしょう）です。彼らの態度は利己的・独善的であると蔑視（べっし）し、自らは利他行（りたぎょう）を強調し菩薩の概念を生み出すのです。初期の大乗仏教徒はいまだ整った教団の組織を確定していませんでしたし、細密な哲学的論究もありませんでした。むしろ自分らの確固たる信念とたぎりあふれる信仰とを華麗巨大な表現をもって息もつかず次から次へと表明し、その結果成立したものが大乗経典です。大乗経典は、それ以前に民衆の間で愛好されていた仏教説話に準拠し、あるいは仏伝から取材し、戯曲的構想をとりながら、その奥に深い哲学的意義を寓（ぐう）せしめ、しかも一般民衆の好みに合うように作成された宗教的文芸作品であると言われています。その大乗仏教に哲学的根拠を与え、その思想を確立したのが龍樹（りゅうじゅ）（150年~250年）です。大乗経典の『般若経（はんにゃきょう）』から空（くう）の思想を確立したのです。龍樹によって初めて、ブッダの悟りの世界が姿を表すことになります。それは、現代人にも通用する哲学でした。特別な人のみが持つ能力ではなく、誰もが内面に持つ心の働きだったのです。

仏教が中国に渡ったのは紀元一世紀から二世紀頃です。紀元四〇一年には鳩摩羅什によって「摩訶般若波羅蜜経」「妙法蓮華経（法華経）」「阿弥陀経」や「大智度論」「中論」などの重要な経典が漢訳されています。中国仏教界はインドの龍樹・世親などの理論を受け継ぎ実践仏教へと進化していくのです。中国天台宗の事実上の開祖である天台大師（５３８年～５９７年）は仏教全体を整理するとともに、悟りへの修行法を『摩訶止観』に著します。人間の心が宇宙と一体であることを理論的に証明し「一念三千論」（一念、今の心が自然界（宇宙も含め）と密接に連携しているとする理論）として完成させ、そこに到達する手順を示したのです。

仏教が百済から日本に渡ったのは五三八年ですから、中国より五百年ほど遅れてのことになります。日本は遣隋使、遣唐使を通じて先進国の政治や文化、仏教などを吸収してきました。

当時、大陸への渡航は難破する危険も多くまさに命がけでした。国の未来を担う多くの青年が旅だったのです。その様子は井上靖の歴史小説『天平の甍（てんぴょうのいらか）』や司馬遼太郎の『空海の風景』にも描かれています。『天平の甍（いらか）』は日本に高僧を招くという使命を受け、第九次遣唐使として大陸に渡った留学僧等の運命を描いたもの。後に鑑真（がんじん）と会う普照と栄叡を軸とした若き俊英等の活躍が描かれています。

日本に渡った仏教は奈良、平安時代を経て鎌倉時代に新たな段階に入ります。天台大師の難解な「一念三千論（いちねんさんぜんろん）」は日蓮によって「南無妙法蓮華経」の僅（わず）か七文字に凝縮されるのです。

「南無阿弥陀仏」もそうなのですが、いわゆる呪句（じゅく）と言われるものです。これを唱（とな）えるだけでブッダの功徳を得られるのですから日々の生活に追われる民衆にとってこんなに有難いものはないのです。民衆に受け入れられることになります。反面、これが仏教界を堕落させた要因でもあると指摘する学者もいます。理論を理解してこそ信の力も増すからです。「南無妙法蓮華経」と天台大師の

「一念三千論」と龍樹の「空の理論」とブッダの悟りは理論づけされているのですが、理解するのには、相当の時間と努力が必要です。

日蓮在世の鎌倉時代は『吾妻鏡』や『増鏡』に著されているように世の中が乱れ、疫病や飢饉、地震や台風などによる被害に民衆は苦しんでいました。その解決のために、国家の中心である幕府に対して、日蓮は国家諫暁の書である『立正安国論』を提出したのです。戦争や疫病そして異常気象の起こる原因と対処法を示したのです。八百年も前の出来事ですから、為政者にとっては煙たい存在と映ったでしょう。当然、命に及ぶ難に遇うことになります。歴史はそれを証明しているのですが、日蓮から見れば、それは『法華経』の正しさを証明する戦いでもあったのです。

日本で仏教が完成したというのは、二つの点においてです。ひとつは仏教の最高経典である『法華経』が日本に広まったという意味です。もうひとつは、日蓮自身が戦国の世にあって、人間の持つ内面の力が国家の最高権力者と対等以上の力を持っていることを証明したことです。『法華経』を自ら実験・実証したことであり、此の事の意味は実に重要なのです。『法華経』に説かれていることで実現していないことが一つ残っています。それは民衆の全てがブッダの境涯を獲得し、平和社会を実現することです。

鳥であれ、魚であれ、どのような生きものも、生きるために集団で進化を遂げるのです。人間もまた同じなのです。一人の人間が手に入れた能力は、細胞が同じものをコピーして増殖するように集団が同じ能力を持つようになるのです。

仏教の歴史を概略述べましたが、専門用語は次第に使われなくなっていくでしょう。仏教が物質の法則と心の法則を説き明かしたものですから、現代にあった説明の仕方があって良いでしょう。仏教もまた、諸行無常なのです。

ロシアのウクライナ侵攻と、探査機はやぶさ2が小惑星リュウグウから持ち帰った試料に生命誕生に必要な多量の水やアミノ酸が含まれていたとの報道は、日本社会への目覚ましの合図のようにも感じられます。

2.2 宇宙って何?
―宇宙は無限? 創造主は誰? 神? 人間?―

宇宙はどれほど大きいのだろう。誰もが思うことであり、誰もが答えられない問いでもあります。しかし、現代科学は電波望遠鏡やコンピュータの発展により星の誕生から消滅までの姿をビジュアルに見せてくれます。

仏教では無量無辺、無始無終、つまり無限で、始めもなければ終わりもない世界と説いています。そして、あくまでも人間が中心で、神の存在を考えていません。宇宙の法を重視しているのです。

現代科学においても答えは類似しています。イギリスの物理学者ホーキング博士は、『ホーキング宇宙を語る』の中で、このように書いています。

カール・セーガンは「宇宙を想像するとき、神にはどんな選択があったのか、というアインシュタインの有名な問いに答えるべく、ホーキングは探究の旅に出た。彼自身、明確に述べているように、彼は神の心を理解しようとくわだてたのである。この努力から導かれた結論は少なくともこれまでのところ、まったく予想外のものだった——空間的に果がなく、時間的に始まりも終わりもなく、創造主の出番のない宇宙——」と書いています。

仏教においても、科学においても、宇宙は人智を越えた不可思議な世界です。ただ一つ大きな違いは、仏教は宇宙をひとつの生命体と捉えている点です。

2.3 心って何？

心について真にあるもの（存在するもの）は「心と心所と物質（もの）と涅槃」の四つです。図1．は「心の仕組み」を示しています。心は対象を認識する働きです。「知る」機能を持った物質を身体といいます。「知る」機能を持ったものは人間だけではありません。新型コロナも「知る」機能を持ち、体もありますから生命です。知るということは、例えば、眼は光を感じます。その光が太陽の光なのか電灯の灯りなのかという判断がなされる前の状態という意味です。以下、耳鼻舌身意も同じです。

心所（しんしょ）は心に溶け込んでいる感情・衝動をいいます。心に溶け込むというと、分かりにくいかもしれません。心は水に例（たと）えられます。真水は透明です。コーヒーやミルク、汚水や泥水も水なのですが、他の物質が混入しますと真水ではなくなります。真水でないということは正しく心が働かない、不善ということを意味します。このような心の汚れを心所といいます。心所は認識すると生まれる感情です。簡単にいえば欲のことです。欲も仏教では細かく分類されていますが欲の一語でまとめています。

　仏教では、智慧（ちえ）という言葉がよく使われます。智慧というのは真実を見たときに起こる感情です。例えば、世界的な画家が描いた絵を、写真でも模写で

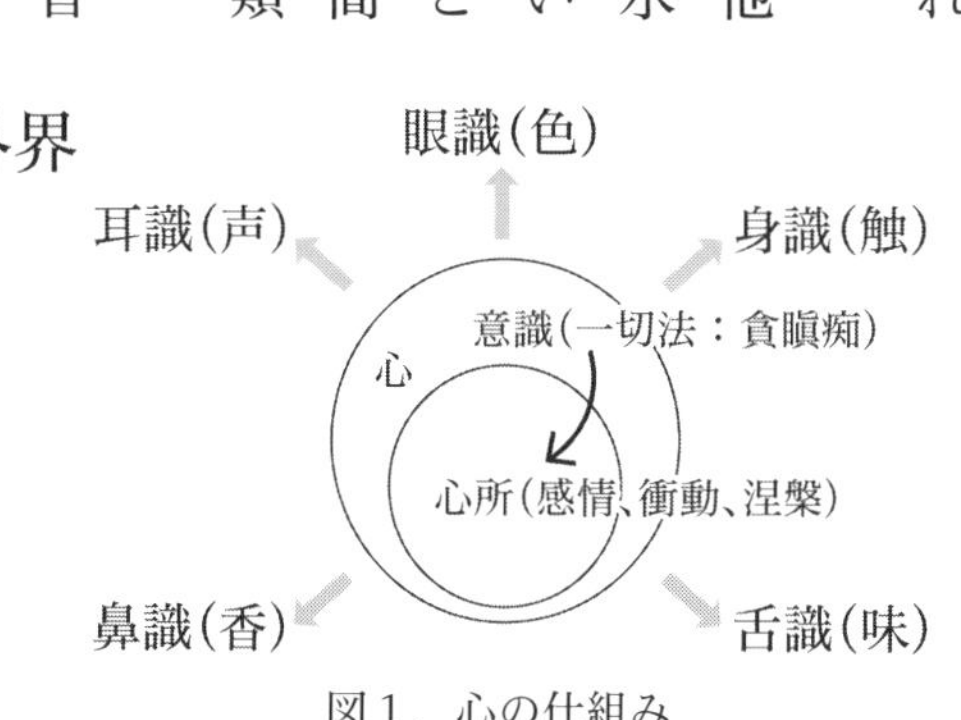

図１．心の仕組み

もなく本物を目の前で見たら感動します。レオナルド・ダ・ヴィンチのモナリザの原画を見たときはやはり感動しましたが、真理を見ると心にある変化が起こります。その変化を智慧といいます。ちょっと不思議に思うかもしれませんが、悟りの智慧も心所に含まれます。

それでは、心所を生み出す要因、つまり心を汚す要因は何かといいますと、それは貪瞋痴（とんじんち）の三つです。五感で外界を認識した心が欲望を持ち始めます。その欲望は貪瞋痴に反応します。貪（とん）は貪（むさぼ）り、瞋（じん）は怒（いか）り、痴（ち）は無知です。貪りは、もっと欲しいという心です。それは際限なく増殖します。怒りは反発のエネルギーです。たとえば、子供が欲しいおもちゃがあるとき、母親が「別なものにしなさい」と言ったとしましょう。その時、子供はきっとダダをこねて、怒り出すでしょう。自分の求めているものと違うとき逆らうエネルギーが生まれます。自分に欲がないと反発しませんので、欲と怒りは表裏（ひょうり）一体なのです。

無知というのは、ありのままの姿、真実を知らないということです。ありのままの姿を知るということは、悟りの世界ということですから、ブッダ以外の人はすべて無知の人なのです。

当然、その行為は不善となります。善、不善を軸に論ずるのは、仏教が人間の生き方、倫理観を軸として発展してきたからです。

人間は他の生きものに比べ、五感から入る情報はわずかです。その不足を補っているのが考える力です。考えるのは脳ですが、過去、現在、未来に関する情報は個人毎に異なります。過去のさまざまな経験や新たに創り出された概念も異なります。人間の脳は有りもしないものを有ると考えたり、有るものを無いと考えたりします。有りのままの姿と異なる概念、世界を創り出します。それが妄想です。「私が知る、ゆえに私が正しい」という大きな間違いを起こすことになります。

そして、その妄想の世界を実現しようとして行動します。

行動は身体、言葉、思念(しねん)の三つです。行動に移すことによって、人間の識(生命)が変化します。この行動が因となって、次の生命、果が誕生します。善の行動は善の結果を、悪の行動は悪の結果を生みます。このようにして、私たち人間は瞬間、瞬間、自分の識を進化させながら生きています。一瞬前の自分と現在の自分は精密にいえば異なります。人間は行動の結果に対しての感じ方は、苦か楽か、不苦・不楽の三つしかありません。仏教が人間の苦を克服する思想といわれる所以がここにあります。物質（もの）については簡単に説明します。心に比べ物質は眼に見えますから分かりやすい面があります。科学も物質中心です。人間は日常のほとんどを物質中心に考えています。物質エネルギーと心のエネルギーは混ぜ合わさっていないが、互いに影響し合っているという関係にあります。

心と心所はあわせて心です。心と物質は切り離すことはできません。感情には物質が関わっていることは知られています。例えば満足感が得られたときに脳が刺激され、脳内のドーパミン分泌量が増加します。心が物質を作るのです。〝色（物質）心不二〟という仏教用語もここから生まれます。

それでは、四番目の涅槃とは何でしょうか。心を語るのに心と心所と物質だけで十分ではないかと考えられないでしょうか。この涅槃（悟り）こそが心の説明において、最も重要なもので、この中に現代文明を根底から変革させるエネルギーが存在するのです。悟りとは五識の停止状態ですから、自分・他者の認知も自分と外界との区別もない状態です。区別が無いということは全体ということを意味しています。そこは不可知の世界ですが、日本の仏教はこの全体のエネルギーを個体に取り込む方法を完成させるのです。

2．4　生命って何？
――業(ごう)（カルマ）、心(こころ)、時節(じせつ)、食(じき)の四つが物質を作る人間は五十パーセントの物質と五十パーセントの心で作られた生きもの――

仏教では、物質の生まれ方・起こり方は、業(ごう)、心(こころ)、時節(じせつ)、食(じき)の四つの原因によると説いています。業と心は心の領域ですから、四分の二で五十パーセント、残りの五十パーセントは物質です。

心についてはすでに説明しましたので、ここでは「物質はなぜ生まれるのか」ということについて説明します。十二因縁でいえば、無明（むみょう）の世界の話ということになります。その原因が四つにまとめられています。

まず、業です。私たちは必ず、先に何かを心に思ってから、行動します。何かをすると、それによって必ず、そのポテンシャル（潜在力）が残ります。このポテンシャルを業・カルマと呼んでいます。十二因縁でいえば無明によって行が生まれる部分になります。業・カルマとは、行為の、結果を生み出す潜在力です。時節は元々の意味は季節・四季という意味です。四季によってものごとが変化していることが分かりますから、美的感覚から言っているかもしれません。仏教では「物質は火の元素によって新しく生まれる」という考えです。紙でも木でも物質は全て時間の経過とともに変化します。紙も木も置きっぱなしにしておけば、数年か、数十年でボロボロになります。変化させている火の元素の働きをまとめて時節といっています。

食というのは栄養素です。移転・変換するエネルギーです。ある物質エネルギーを他の物質エネルギーに移転して、変換して、別のものにする、それが食です。
つまり、すべての物質が他の物質を生むための食・栄養素になるということです。これだけの説明では不十分だろうと思います。説明を始めるとかなりのページを必要とします。この章はそれが目的ではありませんので、仏教では物質と心がこの宇宙を生み出していると説いていることを知っていれば良いと思います。宇宙空間で新星が誕生する瞬間の画像をイメージすればよいでしょう。
物質面からとらえた宇宙の誕生です。
物質と心の関係の主なものをあげます。
無数の心が共同して宇宙を、物質を生む
時節と食はものを変化させるだけ
社会の流れも心が共同して作る
同じレベルの心は共鳴する
四種のエネルギーが共同して物質を作るなどです。

生命の心のエネルギーについてもう少し説明を加えます。人間は一個の心を持っています。人間だけではなく、虫も鳥も魚も自然も皆、それぞれが一個の心を持っています。その集合体が地球ですから合わさったエネルギーは渦を巻くように壮大なエネルギーとなっていきます。一人一人の生き方は、相互に影響を与えながら全体に影響を与えているのです。

物質エネルギーはアインシュタインのE（エネルギー）＝MC²（質量×光速の二乗）の式で、心のエネルギーは心の空間の広さと心の純度を掛け合わせたものです。図２．「心のエネルギー」に示してあります。つまり、心が宇宙大の拡がりを持ち、極善の状態が極大の心のエネルギーです。この心のエネルギーが人類の新しい文明を開くことになります。

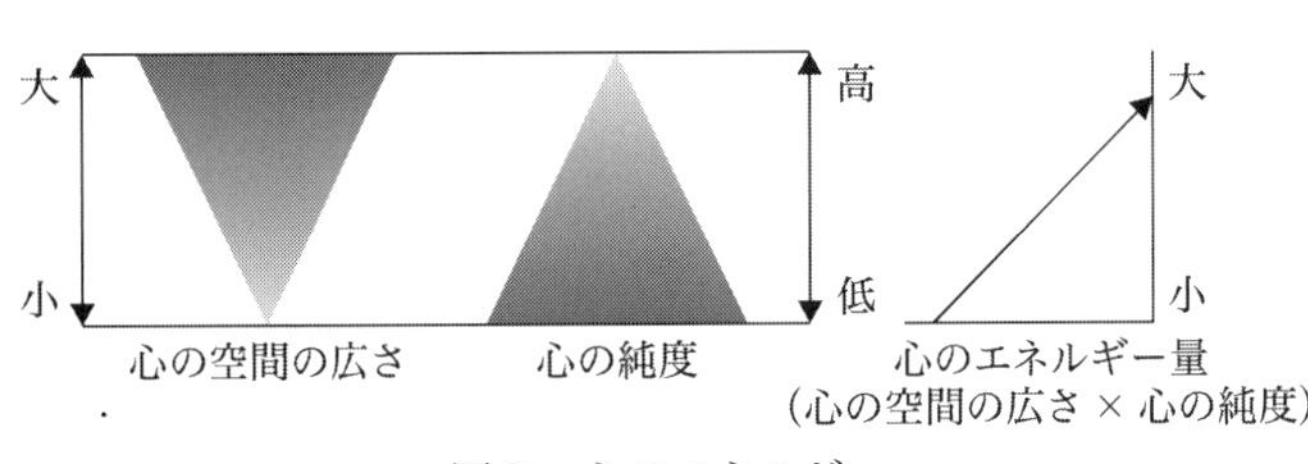

図２．心のエネルギー

3．十二因縁に学ぶ

3．1　十二因縁とは何か

（1）十二因縁はブッダの悟り

ブッダは菩提樹下での悟りを十二因縁として残しています。十二因縁は悟りそのものではなく、悟ったことをもとに、人間はなぜ、悩み苦しむのか、その因果関係を十二種に分けて説明したものです。略して、因縁、縁ともいいます。十二因縁の意味が理解できますと悟りとは何かが見えてきます。

十二因縁はブッダの生きた当時のインド社会、その中で十九歳の時に出家し、三十二歳で悟りに至るまでの修行と思索の集大成でもあります。十二因縁はブッダの悟りの世界を、誰もが持っている知の力で捉えられるレベルまで明らかにしたという意味で画期的なことなのです。

（2）人間はなぜ、悩み苦しむのか

―不善、悪が苦しみの因―

人間はなぜ、悩み苦しむのか。これがブッダの修行の出発点です。そしてその結論が、宇宙は一個の生命体であると悟ったことなのです。豊かな人も貧しい人も、少なからず悩み苦しみを持っています。その悩み苦しみの最大のものが、三災なのです。したがって、宇宙は一個の生命体と知れば三災を防ぐ道筋も見えてきます。知らない（無知）から三災を引き起こすのであるとブッダは説くのです。

あらゆるものは無常であるというのが現実です。生あるものは必ず死を迎えます。野に咲く花も人間も同じです。青春時代もあっという間に過ぎ、老いていきます。平家物語の出だしの一節はあまりにも有名です。「祇園精舎の鐘の声、諸行無常の響き在り」です。ものの無常、あわれを見事に詠いあげています。無常であるがゆえに、人間は永遠のものを求めてきました。永遠の生命、永遠の美など有りもしないものを求めてきました。永遠のものなどないのだと知った時に、人間はそれに代わるものを求めるようになります。それが異性であったり、金であったり、権力であったりします。それが欲望と結び付き不善を行い、そのことによって人間の苦のサイクルが動き始めるのです。

十二因縁はそのステップを十二に分類して説明しています。機械に例えれば、十二の部品で出来ていると見ることができます。ひとつひとつの部品の働きを理解すれば対応策が見えてきます。さらにその働き・仕組みが分かれば最新科学技術の適用対象に成り得るということになります。

それでは、「人生は苦である」としたブッダの十二因縁について説明します。悟りの様子を伝える経典に『律蔵』や『ウダーナ』があります。ここでは『ウダーナ』の一部を引用します。

> あるとき世尊は、ウルヴェーラー村、ネーランジャラー河の岸辺に、菩提樹のもとではじめて悟りをひらかれた。そのとき世尊は、七日のあいだずっと足をくんだままで、解脱（悟り）の楽しみを享けつつ、座しておられた。ときに世尊は、その七日が過ぎてのちにその瞑想から出て、その夜

の最初の部分において、縁起（の理法）を順の順序に従ってよく考えられました。

「これがあるときにこれがある。これが生起（生じる）するからこれが生起する」

すなわち、無明によって生活作用（潜在力・行）があり、生活作用によって識別作用があり、識別作用によって名称と形態があり、名称と形態とによって六つの感受機能（眼耳鼻舌身意）があり、六つの感受機能によって対象との接触があり、対象との接触によって感受作用があり、感受作用によって妄執があり、妄執によって執著があり、執著によって生存があり、生存によって出生があり、出生によって老いと死、憂い・悲しみ・苦しみ・愁い・悩みが生ずる。このようにしてこの苦しみのわだかまりがすべて生起すると。

『ウダーナ』

この因果関係は図3．のように表わされます。はじめの部分の「これがあるときにこれがある」というのは結論部分ですが、これをAとBの記号に置き替えて説明しますと「AがあるときにBがある」となります。

Aが因となってBという果があるという意味です。因果関係を示しています。Aはいつ もBを支えているという意味が含まれています。それでは次の文は

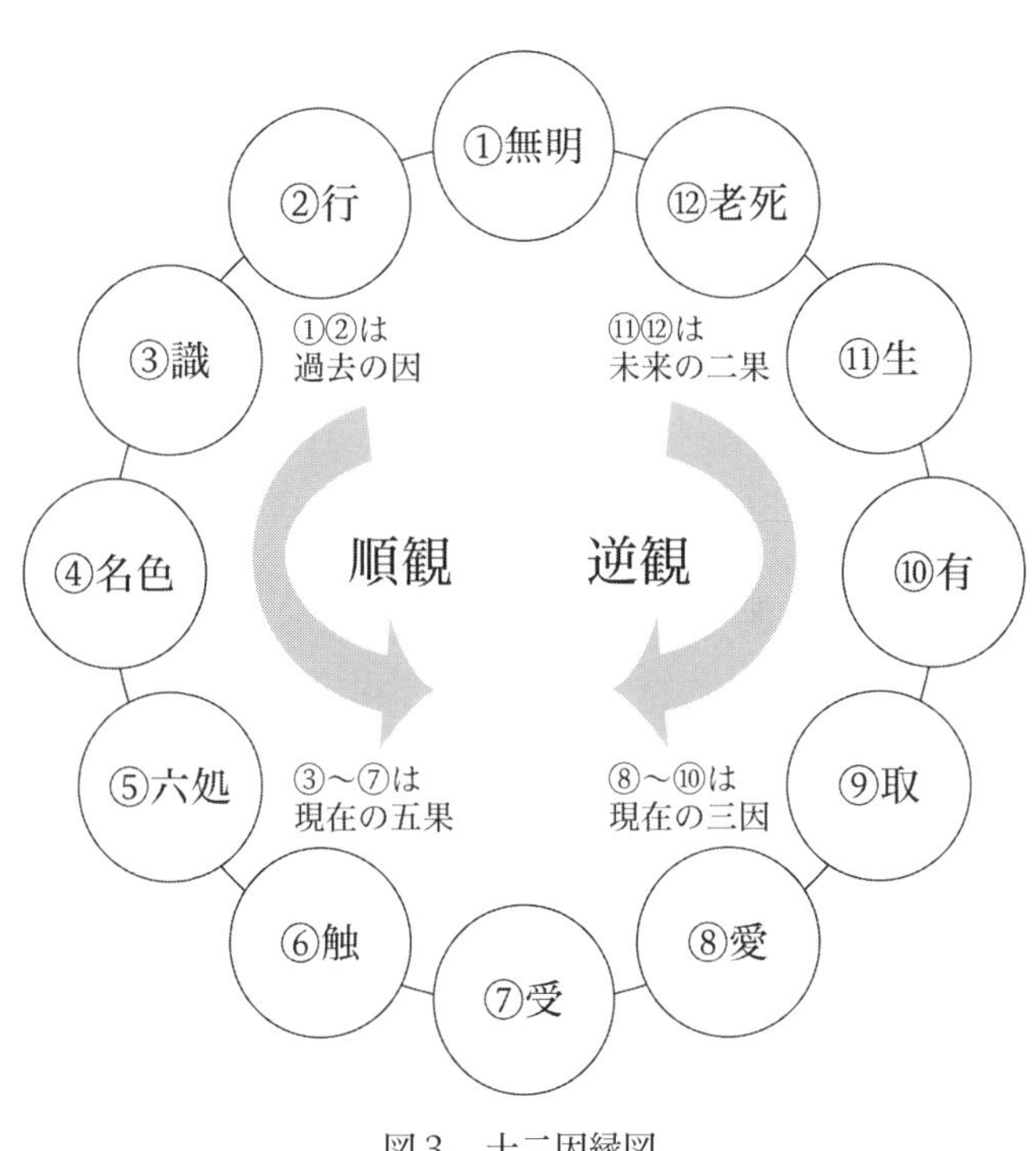

図3．十二因縁図

どのような意味があるのでしょうか。これが生起するからこれが生起するは、Aが生まれるからBが生まれる、という意味ですが、Aの中にBが存在しているという意味になります。常に支え合ってなり立つ因果関係と、原因によって原因と異なる果が生ずるという連続性の因果関係を示しています。この両方はものが生成発展することを説明するために重要なのです。『ウダーナ』は続きます。

その夜の中間部分においては、縁起〔の理法〕の逆（ぎゃく）の順序に従ってよく考えられました。すなわち、

「これが無いときにこれが無い、これが消滅するからこれが消滅する」

無明（むみょう）を止滅（しめつ）するならば、生活作用が止滅する。生活作用が止滅するならば、識別作用が止滅する。識別作用が止滅するならば、名称と形態が止滅する。名称と形態が止滅するならば、六つの感受作用が止滅する。六つの感受作用が止滅するならば、妄執が止滅する。妄執が止滅するならば、執著が止滅する。執著が止滅するならば、生存が止滅する。生存が止滅する

ならば、出生も止滅する。出生が止滅するならば、老いと死、憂い・悲しみ・苦しみ・愁い・悩みも止滅する。このようにしてこの苦しみのわだかまりがすべて止滅すると。

『ウダーナ』

十二因縁の因を無くせば、苦という果も生じません。十二因縁のどこかを消去すれば、輪廻の鎖は断ち切ることが出来るということになります。きわめて重要な部分です。それは人間の欲望を断ち切ることが可能であることを意味し、死の恐怖から逃れ安穏な境地を得ることが出来ることを示しています。

（3）十二因縁の十二支の意味

ここで十二因縁の各項目（十二支）を簡単に説明しておきます。

①②無明によって行　無明というのは、経典には「真理を知らないこと」とあります。真理とは四聖諦（苦集滅道）のことです。諦は仏教で説く真理のことで、迷いと悟りの因果関係を示したものです。苦諦は、この世は全て苦の世

界であること。集諦（じゅうたい）は苦を起こす原因は煩悩（ぼんのう）の集積であること。滅諦（めったい）は煩悩を滅することが悟りの境地であること。道諦（どうたい）は悟りの境地に達するための修行法をいいます。

「人生は苦である。それがありのままの姿」であり、そのことを知らないことが無明です。つまり、無明というのは悟りに達していない人間（生命）の基本的な状況をいいます。十二因縁を理解する上での基本となる考えかたです。

因果関係を知らない無知な人が何をするかというと、②の行、行動を起こします。人間の行動は、考えること、話すこと、そして身体を動かすことの三つです。身口意（しんくい）の行動です。行は無明があると知らない人は、知っているとの錯覚に陥って結果的に危険な行動をとります。そもそも、人間は自分自身とは何かという質問に明確に答えられる人がいるでしょうか。人間の考え方は自分が生まれ育った自然環境、教育環境、社会環境などに大きく影響されます。人はよく「自分には信念がある」ということを言います。それではその信念の根拠は何かと問われれば、明確に答えられる人はどれだけいるでしょうか。人間は最も基本的な、何処から来て、死んだらどこへ行くのかも知らないのです。無明があると知る人は、無明をなくすための行動をすることになります。つまり、真の人間としての生き方に向かうのです。

因果の法則から見れば、無明にも因があります。今があるということは過去世があったということです。行には過去世に作ったさまざまな業の力が影響しています。生活作用、潜在的形成力を行として説明しています。

③行（ぎょう）によって識（しき）　行動・行為によって識・心が生まれてきます。行動することによって、自分の心が変化します。

心が変化すると新しい識が生まれます。この行動を私たちは止めることは出来ません。過去に行った善悪の行動によって影響を受けながら新しい識を生み出していきます。

④識（しき）によって名色（みょうしき）　識は識別作用をいい、広く感覚・知覚・思考作用を総称したものをいいます。母の胎内に入る五陰（おん）（色受想行識（しきじゅそうぎょうしき））のことで、人間を構成している五つの要素をいいます。色は目に見える色や形のあるもの、つまり

物資的な形のあるもののことです。人間に即していえば、肉体です。名色というのは、心と物質の関係を意味しています。

識（心）が生まれたら、色（物質）も新たな心も生まれるという意味です。このことは、仏教でも難信難解（信じ難く、理解し難い）といわれる部分です。心がものを作るということですから理解しがたい部分です。悪心は悪のもの（物質、環境破壊など）を作り、善心は善のもの（豊かな環境など）を作るという意味になります。したがって、三災の起こる理由は人間生命の心の結果なのです。

そのことは見方を変えれば過去の業を背負った人間でも、宿命の転換が可能であるということを意味しています。心とは不思議なものです。だからブッダは心を常に清らかにすること、これが仏教の目的であると説いたのです。

⑤名色によって六処　今世で生まれた識から、心身が胎内で発育し始めます。名色はいまだ、四根（眼耳鼻舌）が無い状態をいいます。やがて、六処が生まれます。六処（眼耳鼻舌身意）が揃ってきて、そこから外界の情報を取り込むことになります。最近は、胎内の子供の発育過程を超音波でも見ることが

できます。胎内の子供の行動に関する研究成果も報告されていて、十二因縁と併せて考えてみると、とても興味深いものがあります。

⑥六処（ろくしょ）によって触（そく）　六処が外界に触れることによって触が生まれます。触も六種類あります。眼に触れる。耳に触れる。鼻に触れる。舌に触れる。身体に触れる。頭の中の概念に触れるです。眼があると、外界の世界が見えます。耳があると、外の世界が聞こえます。鼻があると、外の世界が嗅げます。舌があると、外の世界が味わえます。身体があると、外の世界に触れられます。心があると、外の世界について考えられます。このようにして外の世界に触れることが可能となります。六つの感官と対象の接触が生じます。それが触です。仏教では六番目の意も識の一つとみますので、六識、または六根といいます。五感までは西洋と同じですが六番目は意味が異なります。

⑦触（そく）によって受（じゅ）　外の世界に触れたときに、感覚が生まれます。触れたという感覚が生まれます。眼耳鼻舌身意に色声香味触法が触れると感覚が生まれます。これが受ですが、未だ、苦楽等の分別が無い状態をいいます。

⑧受によって愛　受・感覚から、渇愛が生まれます。

外の世界に触れると感じます。感じたところで、もう渇愛・欲が生まれます。ここでの愛というのは一般的にいわれる愛ではなく、仏教では愛とは盲目的衝動をいいます。

喉の渇きを満たすように、物や異性に執著するようになります。この渇愛が欲の根本になります。この渇愛の克服こそ仏教の最大のテーマだといえるでしょう。最大の渇愛は権力欲です。

⑨愛によって取　渇愛が生まれると、固執・固く執著するようになります。ものに囚われるようになります。外の世界に囚われて、自由に動けない状態になります。分かり易くいえば、本能のままに生きるようになるということです。事件の多くは、長い間、自分の内面に異常な執著を重ねてきた結果です。普通の人は執著を離れる努力をしているのです。

⑩取によって有　固執が生まれると有が生まれるという意味です。有というのは生存、生きるということです。

眼耳鼻舌身意が色声香味触法に囚われると、対象から離れなくなります。面白いものがある、聞きたいものもある、味わいたいものがいっぱいある、触ってみたいものも、考えたいものもいっぱいある。そうなると、行動が停止するのではなく、逆に行動を起こしてしまうのです。それらを追い求めて行動します。それを避（さ）ける行動もあります。そのことが有、生きている、その人の存在という意味です。生きることに固執すると、なりふり構わず生きることになります。固執から有、存在が生まれます。自分自身は何なのだろうかとか、自分は身体のどこに存在しているのだろうかと考えることはないでしょうか。人間は自分の存在の意味を理解出来ないのです。肉体が滅びれば自分自身はなくなります。年老いて認知症になったりすると、それまでの自分自身は部分的に、あるいは全てを消滅してしまいます。別次元の世界で生きることになります。その人にとっては、その別次元の世界が有となるのです。つまり、生きると言うことは「人の振舞（ふるま）い（行動）」そのものとなります。

生きることが行為なので、側面から見れば行為は業（ごう）を作ります。もし、人間が固執をなくすならば、行為・有もなくなります。固執を無くすと解脱(げだつ)になります。しかし、固執しなければ、さまざま仕事であれ、スポーツであれ、音楽であれ、良いものは生まれません。したがって行為は業です。業に悪業と善業があります。それは人間の生き方によって決まるのです。

⑪有(う)によって生(しょう)　有・存在も行為であって業ですから、次に、有によって生が生ずるといいます。有は行動しているので、業が溜(た)まります。行動すると新しい識が生まれ、新たな生が生まれます。この場合、過去・現在・未来にわたる輪廻(りんね)として見ています。有(う)によって生は、来世の生のことです。

⑫生(しょう)によって老死(ろうし)　来世にまた生まれたら、その人にあるのは、老いること、死ぬことです。つまり生があれば、必ず老いていきますし、やがて死を迎えます。それだけでなく、愁(うれ)い、悲しみ、苦しみなどもあります。今世はどうだったかというと、同じです。生まれてきたのですから、過去世も生まれて行動していたのです。当然、愁い、悲しみ、苦しみなどもあったのです。これが仏教の輪廻観です。それが当たり前のこと自然なことなのですが、人間の心にはそ

のことを認めたくない、この世は無常であると認めたくない心があります。永遠に存続したいというそのこと自体が問題なのだと説いているのです。

十二因縁を三世の因果に分類しますと、①無明と②の生活作用（行）が過去の二因、③の識別作用（識）から⑦の受までが現在の五果、⑧の愛から⑩の有までが現在の三因、⑪生と⑫の老死は未来の二果となります。

十二因縁は無明から始まり老死で終わり無明に戻ります。輪廻ですからサイクルです。つまり、どこから始まっても良いのです。人間の寿命には個人差があります。寿命の長短には過去の業が深く関わっています。

死に関して仏教は、「自らの業によって自らその結果を得る」という「自業自得」の法則を適用しています。現世に於いてわれわれが死ぬのは過去世において各人が行った業の力が尽きるからであると考えます。それには二通りあります。

寿命をもたらす業力がつきるから死ぬ

富楽をもたらす業力がつきるから死ぬ

このうち前者は、いわゆる天寿をまっとうして死ぬ自然死をいいます。自分はなぜ死ぬのか。それは過去世に蓄えた「自己の行為のエネルギー」（業力）が尽きてしまうからです。後者は自然死以外の死をいいます。富楽をもたらす業力とは、別名福徳（ふくとく）ともいい、現世で金持ちあるいは貧者になるなどの力をいいます。たとえばお金に困り、餓死するならば、その人は福徳が尽きたからであると言います。経典に餓死（がし）がよく出てくるのは、ブッダ生存当時のインドの社会状況を反映したものでしょうが、現代でいえば不慮の事故などがこれに相当するといわれています。

3．2　十二因縁の現代的意義

（1）順観と逆観の意味するもの
—順観は生、逆観は死—

十二因縁の十二支を簡単に説明しましたが、このことを知るだけでも自分の心を制御できるようになります。

仏教は人間の心を観察し分析した学問です。どのように観察するかと言えば、心を静め、五感のそれぞれの働きを観察するのです。つまり、自己を客体化させて観察するのです。禅の哲学ともいえるでしょう。その修行法は天台大師の『摩訶止観』として完成します。摩訶というのは大という意味です。止観というのは心を止めて内面を見るという意味です。とても難解なものです。もう少し簡略化された『小止観』というものもありますが、これとてやはり、仏教の基礎的な知識がないと難しいと思います。しかし、それでは進歩がありませんので、「心を静めて自分自身を見る」という理解で良いのではという仏教書もあります。いずれにしろ出発点は自分自身を見つめることにあります。

人間は五感から外界の情報を取り込み、その情報をもとに意識がさまざまな事を考え、概念を作り上げます。それをもとに行動を起こすのです。例えば、耳で音を聞いたとしましょう。家の外で、何か音がする。それが事故なのか、事件なのか、自然災害なのかの判断に至るまでには瞬間ですが、時間差がありま す。耳は最初は音だけを捉えるのです。そこに意味はありません。他の器官も同じです。音を因として人間は何らかの行動を取ります。それが果ですが、それがまた次の因となっていきます。このようにして心の働きを緻密に観察するのです。

当時でも何千、何万という僧が止観行を行なっていたわけですから、得られたデータは膨大な量になるのです。それらは整理・体系化され、それによって因果関係が明確になってきたのです。十二因縁はその集大成なのです。

十二因縁の順観は、人間の悩み苦しみの起こる理由を明らかにし、逆観は悩み苦しみの起こる因を消去する方法を示しています。

順観は生を、逆観は死を示しているともいえます。

生も死も今の一瞬の心の中におさまっているのです。

(2) 三世観の意味するもの
―過去・未来世は人間の知の光が届かない場所―

十二因縁を過去、現在、未来の三世に分類してみると、無明・行は過去の二因で、これが因となって識・名色・六処・触・受の現在の五果が生まれます。愛・取・有は現在の三因で、それが因となって生・老死の未来の二果が生まれます。このように十二因縁が連鎖のように関係しあって、あるいは生まれ、あるいは老死など、輪廻を流転しています。それが三世にわたっているので三世（さんぜ）両重（りょうじゅう）の十二因縁ともいわれています。三世というのは人間の頭（脳）が創り出した概念です。

　西洋哲学と東洋哲学の決定的な違いは、この三世観にあります。

　十二因縁の中で、無明・行は過去の因ですから、知ることができません。さらに生・老死も未来のことですから知ることができません。これらは人間の知の光が届かない世界なのです。

　カントの『純粋理性批判』の書き出しの序には「人間の理性はその認識の或る種類において奇妙な運命をもっている。すなわちそれが理性に対して、理性そのものの本性によって課せられるのであるから拒むことができず、しかもそれが人間の理性のあらゆる能力を超えているからそれに答えることができない問いによって、悩まされるという運命である」とあります。

人間の理性はなぜ悩み苦しむのか。その理由は、理性を生みだす生命そのものにある。本源的な生きる力と、さまざまな欲望が同居している人間本体について、理性は解明する力を持っていないから悩むということです。カントは、書き出しの部分で人類が抱える最大の課題を簡潔に言い表しています。「理性の限界」を示す言葉です。それゆえに、理性が生みだした現代の科学技術文明、政治や経済の仕組み、宗教のあり方、道徳などが歪(ゆが)むことになります。

私たちが、自分の過去と未来を見ることができれば、現在の自分が連続性の中で生きていることを知り、悪を慎重に避けながら生きるかもしれません。しかし私たちは、何処から来て、何処へいくのかさえ全く知らないのです。これが根本的な人間の悩み苦しみの因です。人間社会の混乱の根本的要因であると説かれています。人間はものの変化なら具体的に観察することができます。ものの変化を比較して見て、頭の中で計算すると時間という概念が成り立ちます。

物は必ず変化しますから、時間というファクターを無視して、物について語ることは出来ません。仏教は事実の観察を基本として成り立っています。事実に基づかない概念は、単なる妄想です。

物理学でも時間は大事なファクターです。知らなければロケットも人工衛星も飛ばせません。物の変化は心の変化でもあります。生あるものは必ず滅びます。太陽も地球も人間と同じく、やがて消滅します。

全く無に帰するのかと言えば、そうではありません。すべては成住壊空(じょうじゅうえくう)の繰り返しですから、また生まれるのです。

なぜ、三世観が重要かといえば、過去があって今があり、今があって未来があるからです。つまり、全ては連続性の中にあるのです。

日本は隣国、中国から仏教や儒教など多くのものを吸収してきました。それは日本人の生き方や政治体制などに影響を与えてきました。仏教と儒教の根本的な違いは三世観の違いにあるといわれています。儒教は現世で如何によく生きるか、如何に国を安定させるかを中心に考えています。過去世と未来世のこと、つまり因果が説かれていないがゆえに、本質的な狂いが生ずると指摘されています。一般世間でも「今さえ良ければいい」という人もいますが似ています。

結論的にいえば、私たちが観察出来るのは今だけです。しかし今という時間の連続が三世なのです。その瞬間に因と果は同時に含まれていることになります。従って、三世は今に凝縮されることになります。今を大事にすることが過去の悪縁を断ち、未来の善果を生むことになるのです。

(3) 無明と渇愛が輪廻の根本
―智慧の力が輪廻(りんね)を切る―

あらゆる生きものは生まれては死に、死んでは生まれるという繰り返しの輪廻の中にあります。このことから分かることは、十二因縁の輪のどこかを消滅すれば、人間の根本的な迷い苦しみが消滅していくと言うことです。そのようなことが現実的に可能でしょうか。ひとつひとつ説明はしませんが、消滅個所はどこでも良いのですが、基本的には、無明と渇愛といわれています。十二支に分類したのは、十二支を見ることによって、簡単に消滅するものが見つけられるからです。無明を無くすというのは悟りのことです。悟りは人間の苦を乗り越えた状態ですから、その状態では、生活作用（行）は働かなくなるのです。もう一つは渇愛ですが、渇愛はいとも簡単にコントロールできます。何かに触れて感じたからといって、それに流されて愛・欲を作らなければよいのです。渇愛さえ作らなければ、十二支の一つが消え、システムが丸ごと壊れるのです。渇愛から執著が生まれますので、次の取・執著でも可能です。ここは大事なポイントです。痴情の縺れが原因で悲惨な事件が報道されています。痴漢や盗撮などで、折角、積み重ねてきた努力を棒に振るなど残念なことです。心の仕組みを理解しておけば、未然に防げることも多いのです。

ブッダは人間を衝き動かしているのは、理性でもなく知性でもなく心の奥底に渦巻いているどす黒い欲望であると見ていました。その中でももっとも執拗なものは性の欲望です。

ナーダラ仙人という苦行者が沐浴している美女のなまめかしい女体に心を奪われ、神通力を失ったという有名な話が『ジャータカ』に載っています。彼の師がこの仙人に官能の恐ろしさを説き、女身に対する欲望を除くためには、この沐浴（もくよく）する美女の身体を不浄（ふじょう）なものと観（み）る修行を積みなさいとさとす説話になっています。当時のインドでは、死体は野ざらしでいろんな動物の餌となっていましたから、腐乱した死体を見ることも多かったと思います。現在は火葬され骨だけが残ります。当時の不浄観は現代では通用しないかもしれません。

　このように、煩悩や欲望を捨てて離れれば、苦しみも消滅すると仏教では説きます。しかし、分かってはいるけれども実行することが難しいのです。一流の大学を出たからとか、著名人であるからとか、学者であるとか、聖職者だからとか、そのようなものが及ばない力なのです。勿論、国民全員がそうであるならば社会は成り立ちません。成り立っているのは、道徳を保っている人が多いからです。

　欲望は他にも、権力欲、経済的欲望、地位、名誉欲などがあります。

　十二因縁の心の仕組みを理解すれば、自己の欲望制御に大きく役立つことになります。

「慚愧の念に絶えない」という言葉があります。自分がしたことを恥ずかしく思う、残念でならないと思う、そうした後悔や謝罪、恥といった感情を表しています。慚は「自分の行いや過ちを、自ら恥じる心」愧は「自分の行いや過ちを、他人に対して恥じる心」です。社会の安定にとって、自分にとっても、家族にとっても慚愧の心を育てることは大事です。

世の中にはやってはいけないことがあります。あおり運転の様子は、ドライブレコーダに記録された動画により全国に報道され、大きな社会問題になりました。それを見たひとは大きなショックを受け、改めて交通ルールを遵守することの大切さを知ったのではないでしょうか。それでもなお、あおり運転は後を絶たないのです。あおり運転はしてはいけないのだけれども、やってしまう。これが無慚です。その中で「家族や親戚にばれてもいい。全然恥ずかしくない。大丈夫」という気持ちが無愧です。慚愧は車の両輪の轄です。世の中が、道から外れないようにするのが轄です。無慚・無愧となれば、世の中は無茶苦茶です。法律も道徳も成り立たなくなります。慚愧の心を持っている人は、規則を守ることの意味を理解し、その努力を超える価値を目ざしているからです。玄奘(げんじょう)や天台(てんだい)や空海(くうかい)などの仏教僧が戒律を守ってきたのは、それこそが人間の持つ無限の生命力開拓の直道(じきどう)であり、その力によって無謀な権力を破り、悲惨な戦争のない平和社会を目ざしてきたからです。十二支の連鎖を絶つ根源的な力はここにあります。

無明はものごとの本当の姿を知っていないことですから、知ればすべてはなくなります。最終的に解脱を目指す人は、無明か渇愛をなくす努力をすれば良いことになります。これは誰でも出来ることですから、十二因縁の仕組みを理解する努力をしていくなかに智慧が生まれてくるということです。智慧というのは真実を見いだした時の心です。智慧で行動すれば善になるのです。このことは日々の生活の中で慚と愧の心を育てるということでもあります。

生命の仕組みを知るのが智慧です。つまり、仏教は智慧の教えになっているのです。

（4）六識は知識の根拠ではない
―六識が歪(ゆが)んだ現代文明を作った―

龍樹は人間の持つ六識についてこのように述べています。「眼や耳や鼻は知識の根拠ではなく、舌や身体や心も知識の根拠ではない。もしこれらの感覚器官が知識の根拠であるならば、聖なる道がいったい誰に必要であろうか。このようにこれらの感覚器官は知識の根拠ではなく、本質上、肉体は善でも悪でもない。それゆえに、涅槃(ねはん)の道を求める者は聖なる道についての勤(つと)めをなせ」と。さらに六識の依存関係から創り出された情報は「映像のように、実体がない」と表現していますが、私たちが日常の中で実感していることではないでしょうか。世親もまた「現象世界は心の表象にすぎない」と言っています。

朝起きてから、夜寝るまでさまざまなことを見たり、聞いたり、経験したりします。それらのできごとが映像のように目の前を通りすぎ実体がありません。瞬間瞬間、時は流れていきます。人間は五感から取り込んだ情報をもとに意識が考え、さまざまな概念を作りそれをもとに行動します。人によって五感に差があります。例えば、眼の良い人や耳の良い人はより多くの情報を取り込みます。またその人の好き嫌いや人生観などの違いによって情報は変化します。出来上がった概念はまさに妄想の世界といっても良いでしょう。Aさんという人を見て、Bさんは好きなタイプ、Cさんは嫌いなタイプとして脳にインプットします。Aさんという人は変化しないのに、BさんとCさんには違いが生じるのです。BさんとCさんは共に真実は見ていないのです。同じテレビのニュースを見て、感じかたは人それぞれです。テレビの番組でも好みが違います。男性はニュースやスポーツ番組が多いです。女性はニュース、ドラマやバラエティ番組が高い傾向にあります。夫婦の間でも、お互いに長い間作り上げてきた妄想の世界の違いにより、ちょっとしたことで口論になることはありませんか。車を運転しているとき、こちらの道路が近いとか、便利だとか、車間距離が短いとか長いとか、ブレーキの踏み方が速いとか遅いとか。人間はお互いに異なった世界地図を見ながら、「あそこに行こう」とか「ここに行こう」と話をしているようなものなのです。

人間の記憶もあまりあてになりません。ドライブレコーダーのようにはいきません。今朝の朝食は何を食べたのかさえ思い出せないときもあるのです。人間はこのようにかなりいい加減な情報をもとに考え、行動をしているのです。

事実に基づかない情報をもとに考え、自分の世界観を作りあげています。しかも、自分は正しいという考えに固執してしまうのです。自分が正しい、相手が悪いとなってしまえば口論です。口論だけで済めば良いのですが、事件や事故につながれば大変なことです。国家間であれば外交問題になります。最悪は戦争です。このように、人間の知識は事実に基づかない妄想で作りあげられているのです。他人の心の中は誰もわかりません。そのため、第一印象だけで決めてしまうことが多いのではないでしょうか。人間はその人を行為からしか認知出来ません。行為というのは一切の生命の活動のことで、身業(しんごう)・口業(くごう)・意業(いごう)の三つですから、行動・振舞(ふるま)い、ことば、心で想う思慮判別の三つに現れます。このことを知ることが本当の正しく見て得た情報であり、真の知識です。

脳科学者茂木健一郎は『脳と仮想』の中で、「人間が体験することは、全て、脳の中の一千億のニューロン活動によって引き起こされる、脳内現象だということである」と述べています。

ブッダが指摘したのはこの点です。ブッダの悟った真実の世界ではないということです。妄想の世界から見れば諸行は全て無常と映る。それゆえに無常に執著する人間の心が苦しみの因となっていると説くのです。さらに、妄想の世界が欲望と行為に結び付き社会が混乱していくことになります。

(5) 空(くう)から生まれる内面の力と人(ひと)としての振舞(ふるま)い

―法と人の振舞いは一体―

十二種類の支分は依存関係によって、生じたものであるといわれています。もろもろの諸事物は、原因や条件の連鎖の網によって相依(あいよ)って起こっている存在なのです。その関係を縁起(えんぎ)ともいいます。

そのことを知ることが悟りです。悟った人をブッダといいます。

それらは脳の中の一千億のニューロン活動によって引き起こされる、「脳内現象」なのです。

このことを思い知らされるのは人間の死です。先ほどまで話をしていた友人や家族が突然、話をしなくなるのです、身体を動かすこともありません。存在しているのは物体だけなのです。残された者はただおろおろするばかりです。しかし、このことの意味を理解し、実感の領域まで押し上げないと、あらたな文明は興らないのです。そのことを知ることが、十二因縁を理解した、縁起を理解した、空を理解し自分のものにしたということになります。

私事ですが、同居の義母が九十七歳で亡くなりました。妻の介護の負担は容易なものではありませんでしたが、介護制度や親族の助けもあり何とか乗り越えることができました。最後はほとんど寝たきり状態でしたが、頭脳はしっかりしていました。ある日、義母は妻に「腰が痛い、火葬場の順番を待っているけどまだかなー」と言うのです。妻は耳を疑いました。体がもう動かないし、痛いので火葬場で焼いてくれというのです。この言葉をどう理解すれば良いのでしょうか。仏教では生命というのは「火にも焼けず、水にも朽ちず」と説いています。つまり、生命（心）は大火にも燃えることはないし、水で腐ることもないという意味です。壮大なネットワークの中に存在する義母の生命（心）は、自分の身体は（脳も含めて）修復不可能と判断し、切り離そうとしているのです。

上層階のネットワークに存在する自分から見れば、自分の身体は一本の指のようなものなのです。一本の指が死んでも生命は継続しているのです。この指の話は仏教書にもありますが、生命の連続性を説明するのによく引用されます。

大乗の『大般涅槃経』においては、ついに十二因縁は仏性であると説かれるに至ります。

まとめますと、十二因縁や縁起とは相互依存の説明です。相互依存はさまざまな要因によってなりたつものですから、実体がない、よって空である。空の世界は一切のものを含む、よって空を知るものは〈一切智〉〈全智〉を得ることになります。

現代科学が捉えた宇宙の姿は、自分の身体の内部の姿ということです。したがって宇宙は自分の意識のコントロール下にあるということになります。

自分の心が宇宙と一体であり、宇宙に影響を与えることを体得した当時の仏教僧等は、歓喜の中で龍樹の空の理論をもとに多くの作品を創作していくのです。それが大乗仏教経典です。逆から言えば、大乗経典は空の理論で説明できることになります。

私たち一人一人が、そのまま仏の姿であるということになります。そこに到達するための力が智慧の働きです。

他者も自然も自分の体の一部となります。故に自分を愛するように他者を、そして自然環境を愛する心が沸き立ってくるのです。

この力が、日本から興ろうとしている新たな文明の根源のエネルギーです。真の民主主義、人間のための新たな経済システムもここから生まれます。

もともと誰もが仏性をそなえ、如実相（にょじっそう）を見る智慧を持って生まれてきているわけですから、日々の多忙な生活のなかで、わずかでも自分自身を見つめる時間を持つことができれば、新しい自分の発見に繋がっていくのではないでしょうか。

私は、新しい文明の誕生にかなり楽観的です。日本には仏の生命が育つ土壌と季節(とき)が到来しているからです。ヒントひとつで、ブッダの境地に達する人は少なくないのです。一人、三人、五人と伝われば、またたく間に世界に広がるのです。そのことを描いた作品が諸経の王といわれる『法華経』です。『法華経』は予言書とも言われています。ブッダの教えが効力を失う、滅後二千年以後の世界を描いているからです。

(6) 十二因縁を貫く因果の法則

人間は過去と未来を知ることができません。しかし、十二因縁を理解すれば過去と未来の姿が浮かび上がってきます。十二因縁は因果の法則を表しているからです。現在の自分の姿は過去の業因(ごういん)の結果なのです。未来の姿は現在の人間としての生き方で決まるのです。過去の悪業を消し去るのも、未来の善果を招きよせるのも現在の自分の心にあるのです。

経文には、金持ちの家に生まれるのも、貧乏の家に生まれるのも、また美人に生まれるのも過去の業因（ごういん）によると説かれています。あらゆる現象は、自分の心の反映だからです。そのことは鏡に例えられます。

鏡に向かってお辞儀をすれば、鏡の中の自分もこちらにお辞儀をするようなものです。相手を敵と見做せば、相手もこちらを敵と見做します。攻めればこちらが攻められ、他国を攻めれば自国が攻められ、他国を滅亡に追いやれば、自国が滅亡します。これが因果の法則で、何人も避けることができないのです。

理由は明確です。地球も宇宙も相互依存関係で成り立っていますので、それを破壊しようとするものは排除される仕組みが機能するからです。

4. なぜ、三災(さんさい)は起こるのか

4．1　勝義諦(しょうぎたい)と世俗諦(せぞくたい)のギャップが三災を引き起こす

(1) 勝義諦と世俗諦
―勝義諦は宇宙のありのままの姿、世俗諦は六識の描いた世界観―

勝義諦とは、「真実、真にあるもの」という意味の仏教用語です。つまり、「真実、真にあるもの」とはブッダの悟りの中身であり、「法（ダルマ）」ということになります。宇宙は相互依存関係で成り立っています。十二因縁の世界であり、因果の法則の世界です。これが勝義諦の人間観、世界観です。

世俗諦とは一般世間の考え方です。皆で決めた真実でもあり、変わる真実でもあります。例えば、科学の歴史でも天動説が真実の時もあったように、時代によって、人によって異なる真実ともいえます。世俗諦の根底にある勝義諦を見る目が重要なのです。

西洋文明と東洋文明、民主主義と専制主義や人種問題なども世俗諦です。ですから論争になるのです。勝義諦のより本質的な視点から見れば解決策も見えてくるのです。勝義諦と世俗諦のギャップ、つまり間違った人間観、自然観、世界観が人間社会の混乱の要因であり、環境破壊・気候変動の原因であり、戦争の要因となっているということです。個人の人生観、世界観は生まれ育った環境、受けた教育、本人の性格などによって作り上げられます。五感、六識から得られた僅かの情報と妄想で作り上げた世界です。世界観は十人十色です。それぞれが違っています。違っているのが普通なのです。人間社会は互いの認識の違いを認めつつ全体の利益を考えながら生きている人々で成立しているのです。問題は個人の妄想が国家権力と結び付いたときなのです。なぜなら国家が個人のものになるからです。民主国家は政治の仕組みや法律によって暴走を阻止する機能がありますが、専制国家は権力者を支える人が集まり、権力者を支えることによって、自己の欲望を叶えようと動くのです。いつの間にか国は暴走を始め、滅亡への道を歩むことになります。解決策は一人ひとりが勝義諦の人間観、世界観を持つことに尽きるのです。

(2) 三災と三災七難の意味
―三災七難は体内、地球、宇宙でも起こる―

三災とは古代インドの世界観で、時代の大きな区切りの末期に起こる三つの災害のことをいいます。大の三災と小の三災があります。小の三災とは、世界のなかで起こる穀貴（飢饉などによる穀物の不足や高騰）、兵革（戦乱）、疫病（現在の新型コロナウイルスなどの伝染病の流行）の三つの災害をいいます。大の三災とは、世界そのものを破壊する火災・水災・風災の三つの災害のことです。地球にも生と死がありますから、地球そのものが消滅する前に起こる災害と考えて良いでしょう。現代科学は星の誕生と死、消滅の姿をとらえてビジュアルに見せてくれます。ブッダ当時の人々の考え方と現代では、雲泥の差があると思います。とは言っても、百三十八億年のこの宇宙の歴史から見れば、人生は瞬間です。大の三災など、自分の子や孫の人生とはほとんど関係のない遠い先の話のように思うのではないでしょうか。

経文でも大の三災について多くは語られておりません。日常の生活とは直結していないことですから当然ともいえます。

しかし、小の三災は日々の生活に直結した問題です。

飢饉による食糧不足、それに伴う栄養不足により亡くなる人もたくさんいます。とくに子供たちへの影響は深刻です。食は生命を維持していく上で最も重要なものです。三災七難の七難について説明しておきます。七難は経典により異なりますが、仁王経で説明しますと①日月失度難（太陽や月の異常現象）②星宿失度難（星の異常現象）③災火難（種々の火災）④雨水難（異常な降雨・降雪や洪水）⑤悪風難（異常な風）⑥亢陽難（干ばつ）⑦悪賊難（内外の賊による戦乱）が説かれています。①から⑥は現在、世界各国で起こっている現象そのままではないでしょうか。⑦は意味が少し異なります。国内の戦乱と他国からの侵略を意味します。経文によっては、自界叛逆難と他国侵逼難の二難として説明しています。

鎌倉時代の日蓮と蒙古襲来の話はよく知られています。

これを世俗諦で説明しますと、自界叛逆難は文永九年（１２７２年）の二月騒動（北条時宗の異母兄弟、北条時輔の乱）のことです。他国侵逼難は蒙古襲来（文永十一年（１２７４年）十月の文永の役、弘安四年（１２８１年）五月の弘安の役）のことです。これは世俗諦の説明です。三災七難は体内、地球、宇宙でも同じ現象が起こります。なぜなら宇宙はそのまま生命だからです。五感に馴染んで生きてきた私たちにとっては、難信難解の部分です。頭では理解しようと努力しても、体や心は拒否反応を示すのです。当然といえば当然のことです。小さな地球の小さな島国で生きてきて、脳に刻まれてきた世界観は、そう簡単に破れないのです。十二因縁は人間の進化の話です。それを実現可能にするのは、最新科学技術の後押しが必要かも知れません。

（3）ロシアのウクライナ侵攻の勝義諦、世俗諦的解釈
—これ（憎しみ・怒り）があるからこれ（行為）がある—

ロシアのウクライナ侵攻による生命の破壊行為は、いかなる説明をしても所

詮、言い訳にすぎません。なぜ人間が罪を犯すのか、それは十二因縁で説明した通りです。憎しみの心を育ててきた結果であると見るのが勝義諦の説明です。積み重ねられてきた憎しみの心が因となり、侵攻はその果なのです。果はすでに次の因を含んでいます。個も国もその因果の法則から逃れることは出来ないのです。一般世間では政治面、軍事面、経済面、文化面、過去の歴史などさまざまな角度から説明がなされています。考え方は人間の数だけあり、それに対する反論もまた人の数だけあるのです。それぞれに意味があり、理解出来ることですが、それらはみな世俗諦の説明、部分観です。より深い、生命の働きの次元から見ていくのが勝義諦の説明です。

　宇宙はあらゆる物質、太陽も月も宇宙空間に存在するあらゆるものを生み出し、消滅させる働きを持っているのです。その法則は地球にも、一国にも、一個人にもそのまま働くのです。

　方程式は十二因縁で説明した四つです。「これがあるときにこれがある。これが生起するからこれが生起する」「これが無いときにこれが無い。これが消滅するからこれが消滅する」

つまり人間は妄想に深く執著すると行動を起こすのです。物事の正邪は見えなくなってしまうのです。しかし、妄想の執著から離れると真実の姿が見えてきます。例えば、他人が自分を侮辱する言葉を発したとしましょう。怒り心頭でしょう。ところが一晩寝て翌日にはその怒りが収まっているという経験をされたことはないでしょうか。前日のことを冷静になって考えてみると、自分にも反省点があったというようなことです。互いに相互依存関係で成り立っていることが見えて来ますと、関係も改善されてきます。逆に相手に対して恨みを持ち続けると、誤った行動をして自滅の道を進むことになります。

感情の変化を冷静に見つめる心の鍛錬も重要です。これが智慧です。

ブッダの時代もさまざまな論争がありました。一つの理論に対して、反論は際限なく続きます。ブッダはそのことは無駄で、意味のないことだと説くのです。ブッダの理論から龍樹は大乗仏教の基礎となる空の理論を完成させます。それを著した『中論』の冒頭に同じことが記されています。紹介だけしておきます。

不生亦不滅（不生にして不滅）
不常亦不断（不常にして不断）
不一亦不異（不一にして不異）
不来亦不出（不来にして不出）

最初の一偈、不生（亦）不滅が結論です。あらゆるものは、生まれるわけでもないし、滅するわけでもないという意味です。人間の生死に日々接し、この世は無常の世界と感じている私たちにとっては理解し難い言葉です。一偈とは経典を詩句形式で表したもので四文字が多く、僧侶の読経の声が心地良いのもここに由来するのでしょう。

後の三偈は残りの論点をさらに三つに集約したものですが、結局は最初の一偈に集約されるのです。

私たちは生死や実在などについて考え、議論をしますが、それらを否定することによって生死や実在の真の意味を浮かび上がらせようとしているのです。

不生不滅の四文字には、インド・中国・日本の仏教史と人類の新しい文明の種子が埋め込まれているのです。

この世に存在しているのは物的エネルギーと心的エネルギーの変化する姿だけなのです。

4．2　基軸のない世界、基軸のない論争
―「自分が知っているから、自分が正しい」という間違い―

ロシアのウクライナ侵攻について連日、戦況やさまざまな人の意見が掲載されています。各国、各人の反応も異なります。個人が意思を持つように、集団である国家も意思をもちます。欧州、米国、アジア、中東などそれぞれにウクライナ対応が異なります。

仏教では、個人の生き方、国家の在り方の基本を説いています。

個人も、国家も「自分が知っているから、自分が正しい」ということへの執著が、間違いの根本であると指摘しています。つまり、一人一人が「自分は正

しい」と言い、各国が「自分の国は正しい」と言っていては収拾がつかないということです。意見は人の数だけありますし、反論もまた人の数だけあるのです。価値観の違いとも言えますが、お互いに正しいし、お互いに間違っているのです。なぜなら基軸がないからです。人間社会にあって、人間の生命そのものに勝るものはありません。人間の生命こそ最高の普遍的な価値です。それを基軸として平和社会を目指す。論争もまたそうあるべきではないでしょうか。

一九六八年四月、「プラハの春」といわれる事件が起きました。その年の春にチェコスロバキアで起きた民主化運動により同年一月、改革派のA．ドプチェクが党第一書記に就任しました。独自の社会主義路線を宣言して、国家による事前検閲の廃止、市場経済方式の導入による企業の独立化などの政策を打ち出しました。社会主義体制の危機を感じたソ連のブレジネフ政権は、同年八月ワルシャワ条約機構軍二十万人を投入し、その民主化の動きを圧殺した事件です。同じことが繰り返されているのです。戦争は破壊のみです。そのことを誰もが知っていて、誰もが望まないことを、なぜ人間はするのか。

生命尊厳の意味を深く理解する土壌を作り、それを基軸として、政治、経済の仕組みを見直し、より高い価値を生み出すことを実証する必要があるのでしょう。

4.3 専制の悪と民主主義のあいまいな根拠 ―民主主義とは生命第一主義の異名(いみょう)―

私たち人間は知が描いた抽象的な概念の世界に生きています。人間はVR（仮想空間）の中で生きているともいえます。政治も、経済も、宗教も、全て概念の産物です。実体がないのですが、その呪縛の中で人間は生きているのです。

政治は人間集団を統括する技術であるとも言えます。

今、世界は大きく二分されています。中国の共産主義と欧米の民主主義です。いずれにも欠陥があるのです。人間の〝知の限界〟を克服していないという点では共通です。

独裁とは、民衆一人ひとりが、能動的であれ、受動的であれ、一人の人間に全権力を与えるということです。個の自由と幸福は一人の人間の目的のために犠牲にされるのです。しかも、一人の人間の能力は不確かで、地上に生きられる時間は極めて短いのです。その中で目的を達成しようとするので残虐性を伴うのです。

それに対して、民主主義は危機的状況にあります。

民主主義は、王や貴族の専横に対抗するために生まれました。なぜ、それが今、揺らいでいるのでしょうか。一部の権力者に対抗するための集団ですから、王や貴族の体制が崩れれば、民主の意味が失われるのです。目的を失えば、各人が自分の欲望を満足するように行動します。個の自由はあっても、そこに残るのは分断と混乱なのです。

人間は目標に到達すると、満足し行動しなくなります。十二因縁でいえば、悟りの境涯です。悟ると人間は行動しなくなるのです。人間は悩み苦しみが無いと行動しないのです。

何か、矛盾を感ずるような言い方ですが、煩悩（ぼんのう）の炎を燃やすから行動するのです。全体の利益と個の幸福のための煩悩は善となるのです。仏教では「煩悩即菩提（悟り）」といいます。

日本はバブル以降、「失われた三十年」といわれる停滞期にあります。〝欧米に追いつき追い越せ〟を合言葉に突き進んできた日本社会は、一時、米国を凌ぐほどの経済大国に発展し、自由と繁栄を謳歌したのです。つまり悟っているのです。悟ると人間は行動しなくなるのです。逆説的な言い方になりますが、今の日本社会に必要なものは、〝欧米に追いつき追い越せ〟に代わる煩悩の薪なのです。煩悩の薪を燃やしてこそ社会は回転するのです。

日本は米中対立の次を見据えた人類の未来図を持たなければならないのです。自由と人権と法の支配を支える哲学が必要なのです。対立の根底には相互依存関係があるのです。

どの国の人間にとっても、生命ほど尊いものはないのです。

生命の尊厳とその価値を明確にすれば、人類の新たな秩序が生まれるのです。知の力を越えた、智慧の文化をもつ日本がその役割を果たす番なのです。

4．4　資本主義という異常な経済システム

人々の暮らしを豊かにしてきた資本主義が大きな岐路に立っています。グローバル化やデジタル化で生活が便利になる一方、貧富の格差や地球温暖化が深刻さを増しています。日々の生活にも困る人がいる中、大富豪といわれ人々の生活とのギャップは異常という以外にありません。

格差は国を不安定にさせ、やがて内乱に発展し他国との戦争の引き金となります。

人類は二度の世界大戦を経験してきました。戦争は、すべての国にとって敗北であり、それまで積み重ねてきた全てものを失います。人類の歴史は積み木細工のように、積んでは崩し、積んでは崩しの歴史なのです。

ようやく、日本はじめ世界が、新資本主義を唱えはじめました。現状の資本主義の根本から見直していく必要があるでしょう。

そもそも生産の三要素（土地、労働、資本）はすべて宇宙からの借り物です。その代金を払わないで利益のみを個人のものにすること自体が根本的な間違いです。自然は、地上の生きものの生存出来る環境を提供しています。その均衡を人間の欲が破壊しているのです。発想の転換の時期ではないでしょうか。

4．5　権力者と民衆という土壌―ブッダの如我等無異（我が如く等しくして異なること無からしめん）の意味―

国は一人一人の人間の集合体ですから、そこから誕生する権力者は当然その影響を受けます。権力者を生み育てあげるのは、その国の民衆です。民衆は権力者を育てる土壌なのです。ブッダは全ての衆生を仏にすることが最終目的ですから、如我等無異と説いているのです。

一人の権力者を倒したからと言っても、国民という土壌がかわらなければ同じような後継者が誕生するのは必然です。

一家であれ、一企業であれ、一国であれ、トップが如我等無異の精神を持っていなければ、早晩、限界は来ます。トップの座につくと自分一人の力で作り上げてきたような錯覚に陥りがちです。

公私の区別がつかなくなるのです。廻りの人の支えがあって全ては成り立っていることを忘れてしまうのです。それによって、自ら組織を破壊するような結果を招くことになります。

『法華経』はただ単に、人間の持つさまざまな力・功徳を説いただけではなく、如何に民衆の心を育て安穏な社会を実現するかを説いています。とくにリーダは法（ダルマ）を基として事にあたることを強く求めているのです。これが他の大乗経の経文との決定的な違いになります。

権力者と国民は互いに支え合っているのです。権力者は国民という土壌の上に咲く花なのです。相互依存の関係にあるのです。

したがって権力者は、より良い国をつくるために、自分を越える人材を育て、国民は如何に自分を磨き、国を良くするかを考えなければならないのです。

4．6　心が分断を生み、自然を破壊する
―人間に生まれながらの差別は存在しない―

ブッダは、人間はいかなる点からみても平等であり差別はないと説いています。差別は一人一人の心の中にあると説いています。咲く花の枝や花びらに違いはあっても根はひとつです。

生命という根から生まれたのが人間です。枝や花びらがあって豊かな社会が生まれるのです。それを差別とみれば社会の分断と自然の破壊を生み、相互依存とみれば、国民の和合と自然との共存共栄となるのです。それは一人一人の心から生まれるのです。

5. 新たな文明のかたち
―求められる人間観、宇宙観の転換―

5．1 世界秩序の再編と日本の役割
―対立の根底にある相互依存―

世界各地で紛争は続いています。自然災害も増加傾向にあります。それらに対し、抜本的な対策がなされているわけでもありません。現在の人類が抱えている問題点は多くの識者によって指摘されています。「時代の転換点」にあり「思考の転換」が必要な時代に入ったことは疑いのないことでしょう。しかし、具体策はなかなか見えてきません。国連にあっても、各国の利害や置かれた状況は異なり、足並みを揃えることは容易ではありません。このような世界情勢の中で、日本の役割の重要性を指摘する声もあります。政治的な安定、経済力の規模、科学技術力、勤勉な国民性などは、新しい文明を作りあげていく必要条件です。日本

には、それを成し遂げていく大きなポテンシャルがあると考えて良いでしょう。ウクライナ問題は、国際秩序再編のキーワードは生命にあることを教えてくれました。政治、経済、科学等あらゆるものが、経済的な利益優先ではなく、生命そのものの持続可能な仕組みづくり、国際秩序づくりが急務であることを教えてくれています。

文明的にも地域的にも、西洋文明、東洋文明の恩恵を受けてきた日本の役割は重要だろうと思います。

なぜなら、対立の根底には常に相互依存関係があるからです。

5．2　普遍的価値としての生命の時代へ
―一人一人が宝、一人一人が王―

(1)　生命こそ最大の価値

生命はそれ自体完全なものです。生命の力があらゆるものを生みだすのです。

そのことを真に理解した時、一人一人が宝、一人一人が王との実感が湧き、潤いのある社会になるのです。現在の資本主義は人間の欲望を際限なく増長させていく仕組みになっています。何よりも経済の発展が最優先され、それこそが国の地位向上と国民の幸福であると信じて疑いません。現代社会は、まるでブレーキの無いレーシングカーのようです。経済発展に貢献しない者は能力の無いものとしてのレッテルが貼られ社会の出世コースから外れていくのです。それが賃金格差になり、経済的格差は社会の貧困層を生むことになります。富を持った者は勝者として人間軽視の振る舞いをし、やがて社会は乱れていくことになります。この悪循環を断つために、生命重視への価値観の転換と生命自体が持つ内面の力の開拓は重要となります。

ノーベル賞を受賞したダライラマと利根川進両氏は対談『物質と心』の中でこのように述べています。

物質的な便利さや、豊かさではない、私たちの「内なる平和」、「内なる価値」というものが大事になる時代に入ったのではないでしょうか。私たちの内なる平和にとって、ひとつの究極的に大切な要素は「内なる価値」であり、その内なる価値とは、人に対する優しさや愛情、慈悲というもので生物学的な要素だということです。それは信仰や宗教から生まれるものではありません。誰でも生まれた時から経験で知っていることがあります。それはお母さんの愛情を受けたということです。……生まれたばかりの子どもは自分が誰だかわからない、母親のこともわからない、それでも生物学的に愛情を受けた子どもは幸せに育ちます。心が穏やかです。心の中に安定感が生まれるのです。それが人生の初めのあるべき姿なのですね。

多くの人が納得する言葉ではないでしょうか。生命の時代とは生命第一主義といってもよいと思います。政治、経済、科学などの諸分野においても、最終目的は世界平和と一人一人の真の幸福、人権の保障等にあるべきです。

（2）人権の抑圧、情報統制、監視化社会は人間を家畜化する
―家畜はやがて、主を襲う―

集団を統率する方法は大きく二つあります。人間を尊重するか否(いな)かです。尊重すれば、民衆の人間教育に力を注ぎ、主体性を重視した政治体制を築きます。そうでない場合は、権力者は自分を越える力を持った人間の存在を恐れますから、自分の境涯の下に置くようになります。そのための手段が人権の抑圧、情報統制、監視化社会ですが、最終的に武力で抑え込むようになります。国民がその体制に馴染むようになれば、心は家畜化していきます。そこには真の国民も国家も生まれません。そのような社会は早晩崩壊することになります。

（3）四騎士が作り変えた世界、ＧＡＦＡとその課題
―資本主義とグローバル化は善か悪か―

テクノロジー業界の四強といえば、誰もがグーグル（Google）、アップル（Apple）、フェイスブック（Facebook（現在はメタ））、アマゾン（Amazon）

を思い浮かべるでしょう。四騎士とはヨハネの黙示録の四騎士のことです。地上の四分の一を支配し、剣、飢饉、悪疫、獣によって「地上の人間を殺す権威」を与えられているといわれています。

スコット・ギャロウェイの著書『GAFA』を引用し、グローバル化と資本主義の〝光と影〟について考えてみたいと思います。

経済的繁栄と不都合な真実

グーグルは現代人にとっての神であり、我々の知識の源でもあります。我々がどこにいてどこへ向う必要があるのかを確信を持って教えてくれる。些細(ささい)な事から重大な事までも答えてくれる。グーグルほど全知全能の神として信用されている機関は他にありません。アップルはラップトップやモバイル機器を美しく飾る、だれもがうらやむアップルのロゴ。それは世界に通用する富や教育、西洋的な価値観の象徴でもあります。フェイスブックは日本でも多くの人が活用しています。アマゾンはネットショッピング企業です。アマゾンの強みは生きるための必需品を手にいれるという退屈な作業のつらさを軽減していることにあり、「地球上最大の店舗」です。これらの企業は過去二十年間、歴史上かつてないほどの人間同士のつながり、あるいは経済的な繁栄や発明を私たちにもたらしてきました。日々の生活に深く浸透し、無くてはならない存在になっています。四者の売り上げは巨額です。しかし、負の面については多くは語られていません。コマーシャルと同じで不都合な真実は隠しておくのです。

経済はゼロサムゲーム

経済はどこかが儲ければどこかが損をする仕組みです。ゼロサムゲームです。繁栄した会社のかげには、縮小したり、倒産したりする会社があるのです。各国も自分の国のデータをタダで使われ、自国民が安い賃金で働かされ、儲けだけを持っていかれたのではたまったものではありません。何十兆円の資産を持つものもいれば、今晩の食事に困る人もいるのです。各国もデジタル課税などの防衛策を講じ始めていますが当然のことでしょう。

反面、別な顔もある。スコット・ギャロウェイは「アマゾンについて書く人の多くが、同社の大きな財産はその操業能力、エンジニア、あるいはブランド力だという。しかし私は、アマゾンがやがて一兆ドルを達成しそうなほど総資産を増やし続けているのには別の理由があると考えている。四騎士の他の三社と同じように、アマゾンの隆盛の要因は、私たちの本能に訴える力にある。もう一つの追い風はシンプルで明確なストーリーである。それによって同社は巨額の資本を集めて使うことが可能になった」と書いています。勝者は敗者のことを考えていません。つまり、現在の資本主義では、いつになっても経済的に恵まれない人を生み、地上から紛争がなくならないということです。こういった格差が、国が分断する理由の一つであると指摘しています。

四騎士の目的は金儲け

著者は、四騎士の目的についてこのように書いています。

「このかつてないほどの規模の人材と金融資本の集中は、どこへ行き着くのだろうか。四騎士のミッションは何なのか。がんの撲滅か。貧困の根絶か。宇宙探検か。どれも違う。彼らの目指すもの、それはつまるところ金儲けなのだ」と。

経済の発展が、科学の進歩が、平和と民主主義と人権に結び付かない理由はここにあるのでしょう。善なき、統合性なき、欲望の経済システムの終点は、疫病と飢餓と戦争の三災です。現在の資本主義思想の変革がなければ、三災は永遠に続くということになるのです。地上での限られた時間を貪るように生きる人間が権力と欲望と結び付くとき、悲劇的結果が訪れることになります。

GAFA「以後」の世界

著者は「GAFA「以後」の世界で生きるための武器」の章でこのように書いています。

「四騎士による支配は、市場勢力図と消費者の生活に計り知れないほどの影響を与えている。では、平均的な大学卒業者の就職と人生設計には、どのような影響があったのだろうか。

いまの若者はみんな四騎士がどのような会社なのか、そして世界をどのように作り直したのかを知っておくべきだと私は思っている。この四社のおかげで、秀いでたもののない会社が成功することや、消費者向けテクノロジー新興企業が競争に参加して生き残るのが以前より難しくなった。私たちの大半は平均的な人間である。これらについては統計も味方してくれる。――このすばらしき新世界において成功するには、どのようなキャリア戦略が必要だろうか。おおまかに言ってしまうと、現在は超優秀な人間にとっては最高の時代だ。しかし、平凡な人間にとっては最悪である」と。

凡人には耳の痛い話です。日本もようやく、重い腰をあげ大学の強化に取り組み始めています。現実をしっかりと見て対応していくことは大事なことです。

しかし、日本はこれらの現実を見据えながら、新資本主義をどのように指向していくのか、それは日本だけではなく、人類に課せられた重い課題でもあるのです。

6．宇宙は人体に似ている

6．1　人体と宇宙は連動している

人体の不思議はいまさら述べるまでもないと思います。人体は宇宙と連動しています。この考え方の基本はブッダの時代に出来上がっています。時代の変化、社会の発展に即して説明する言葉が違ってきます。天台宗中興の祖、妙楽大師（７１１年～７８２年）の作で天台大師の『摩訶止観』を注釈した『止観輔行伝弘決』にこのようにあります。「この身体を詳細に見てみると天地に倣って出来ている。頭が丸いのは天をかたどっている。足は地である。体の中の空の部分は虚空である。腹が温かいのは春夏に、背中の堅いのは秋冬に則り、四体は四時に、大節の十二は十二月ににている。小節の三百六十は三百六十日に即している。鼻の息の出入は山沢渓谷の中の風である――」と説明しています。

現代でいえばNewtonの『人体』の世界でしょう。精密なネットワークの世界です。そして人体もまた、宇宙からみれば一コの細胞にも満たない存在なのです。人間の五感が描く小さな妄想の世界、その壁を破ったところに新しい時代が見えてきます。それが十二因縁の世界です。

6．2 「極大」と「極小」は同じ意味 ―心は人体も宇宙も動かす力を持つ―

仏教では極大と極小は同じと説いています。一般的には極大と極小は異なります。仏教は生命という観点から見ているのです。当たり前のことなのですが、人間は自分中心にもの事を考えます。自分の大きさはどの位でしょうか。私の身長は約百七十センチメートル、体重は七十キログラムです。これが自分です。犬や猫よりは大きいですが、象やキリンよりはずっと小さいです。これは外観から判断したものです。物質の面からの見方です。一方、経文にもありますが、人間の心は小さな芥子(けし)の花の中にも入れますし、宇宙空間も移動出来るのです。

心の面から見ると、極小と極大は同じなのです。その事は何を意味するのでしょうか。自分自身というのは、人間の肉体内にのみ存在しているわけではなく、外界ともネットワークで結ばれているということです。ですから、人間は極大の存在でもあり、極小の存在でもあるのです。そのことは、人間は自分の五体を動かす力と外界をも動かす力を持っているということになります。

6．3　小さな水槽の中で生きる人間

科学の進歩により私たちが住むこの地球は無数の星の一つに過ぎないということを誰もが知っています。しかし、実感として感じられない一面があります。宇宙飛行士やそれに関連している仕事をしている人以外は日常の生活と宇宙は切り離されています。誰もが宇宙旅行に行けるような時代になれば変わるかもしれませんが、多くの人は地上での現実の生活に執着して、宇宙のことは意識していません。

私の毎朝の日課は、二つの小さな水槽に別々に飼っているメダカと赤ひれへのエサやりです。エサは魚専用のもので粉末状のものです。水槽は出窓のところに置いています。魚の方も慣れてきたのか、水槽に私の姿が映ると近寄ってきます。食事の時間だと思うのでしょうか。それを見ていると不思議な感じになります。エサは私からも見えて、魚からも見えているのです。私から見れば粉末ですが、魚から見れば飴玉ほどの大きさでしょうか。エサを介して対話しているようにも思えます。メダカは孫たちが祭りの夜店で買ってきたもので、二代目になります。ですから、彼らにとっては水槽は誕生の地であり、生涯を過ごす場所でもあります。水槽は彼らにとって全世界なのです。もし、地震や水槽の掃除中に水槽が破損すれば、魚にとって命とりになります。水が無ければ生きていけないからです。人間も地球を覆っている空気の層が無ければ生きてはいけません。そのような事を考えるたびに、命の尊さを感じています。メダカの寿命は二年程です。人間の五十分の一です。人間の一代はメダカの五十代に匹敵します。人体は六十兆の細胞が集まって出来ています。それぞれの細胞には、遺伝情報を含むＤＮＡ（デオキシリボ核酸）という設計図があり、その設計図に基づいて、さまざまな細胞が生み出され、脳、心臓、肺、肝臓など、すべての体の器官がつくられます。それらの内臓は二百個以上の骨で守られています。これらの臓器は互いに情報交換をしながら、体の健康を維持しているのです。それらは二千億個のニューロンによって動かされます。心臓は一秒間に六十回～百二十回、一生で約二十五億回脈を打ち、休むことなく働き続けています。人体の血管の長さは約十万キロメートルにもなり、地球二周分より長く、血液は、およそ一分で全身を回ります。こんなに速い速度で飛ぶ生きものや飛行機などどこにあるでしょうか。身体を維持するのに必要な酸素や栄養素を効率よく休みなく運ぶのです。世界のアマゾンもはるかに及びません。一日につくられる赤血球の数は二千億個、寿命は百二十日といわれています。人間の体内では、細胞の生と死が繰り返されて、人間の命は維持されているのです。赤血球一個一個に、十二因縁の生と死があるのです。一緒にこの世に生を授けた二千億の友と共に、人間の生命を支えるために、酸素や栄養を体内の隅々まで届けるのです。一瞬の休みもなく。そして、勝手な推測ですが、この世に生を授け、不思議な世界で生きたことに感謝し、友との別れを告げ一生を終えるのかもしれません。百二十日は人間から見れば短いかもしれませんが、赤血球のさらに小さな世界から見れば長いのです。人生は百年の時代ですが、人間の世界のさらに上の生命体から見れば、僅か二日なのです。経文にこのように説かれています。「天界の一日は、地上の五十年」と。私が水槽の中の魚を見るように、上層界の生きものは、地球という小さな球体を見ているかもしれません。この不思議な人体の、自分はどこにいるのでしょうか。脳という意見もありますが、一部の機能を持っているにしても、それだけでは説明がつかないというのが現代科学の立場です。真実はまだ先なのです。しかし人体（物質）によって自分がいることは事実です。これが、龍樹や世親のとらえた空(くう)の世界です。生きものの生死はこの地球を支えているといって良いでしょう。星も星雲もまた生死を繰り返し、さらに大きな宇宙の生命を支えているといって良いでしょう。すべては、相互依存の世界です。月や火星への旅行は、もしかしたら水槽の中の出来事かも知れません。

五百年後、一千年後の人体のイメージ、宇宙の姿は想像をはるかに越えるものに違いありません。

7．科学はいつも自然の模倣
―人間は自然を模倣し、地上に模擬の世界を作る―

7．1　十二因縁の「無明」は打ち出の小槌（こづち）

「無明」は一切のものを生み出す力を持っています。思い通りの物を何でも出せる打ち出の小槌（こづち）ともいえます。現代風にいえば、ドラえもんのポケットです。あらゆる生命を生み出す場所なので多様性の源といわれています。

人間社会ではジェンダーについてさまざまな議論がなされています。夫婦のあり方とか、男女の性差とか騒がれていますが、生きものの世界はもっと先を行っています。

夫婦の絆の強い生きものもいれば、一夫多妻もいれば、オスメス一体型もいれば、性転換が自由に出来るものもいれば、オスが子供を生む生きものもいます。これが現実の自然界の生きものです。生きものは子孫を残すためにあらゆる選択肢を排除しなかったのです。環境と共に生きる方法を選んで進化してきたともいえます。何も潜水艦を造らなくても深海で生きている魚もいます。燃料を大量に消費し環境を汚染することなく鳥は空を飛ぶことができます。発電所がなくても電気をつくることもできるウナギもいます。人間はＤＮＡの解析やゲノム編集技術を手に入れ世間を驚かせています。しかし、考えようによっては、それらは常に自然の後追いで模倣にすぎないともいえます。生命の仕組みについては、人類はその一部しか理解していません。さらに生命は進化の連続なのです。それらの生きものを生み出しているのは、宇宙そのものです。極大の世界、宇宙空間を見れば不思議なことばかりです。星も星雲も生み出すのです。極小の世界を見ても、人体や新型コロナもまた進化の連続です。さらに極大と極小の世界は連動しているのです。つい最近のニュースで、地球から約三十光年離れた赤色矮星（わいせい）の周りで、大半が鉄などの金属核で出来ているとみられる惑星が見つかったということです。水星ほどの大きさといいますから大変なものです。どこの国の製鉄所が造ったのですかと冗談を言いたくなるような驚きの発見です。

人類は常に、自然界からあらゆることを学んできました。自然は常に全体の統合性を持ちながら進化してきたのです。

人間の欲望は、その統合性、相互依存性、つまりバランスを破壊してきました。今、人類に出来ることは、それらの回復です。

青山学院大学教授、福岡伸一の著書『コロナ後の世界』で動的平衡(どうてきへいこう)の考え方が掲載されています。「ウイルスは撲滅できない、共に動的平衡を生きよ」と述べています。仏教の相互依存の考え方から見ても納得できるものです。

人類は地上の生きものの頂点にあると考えていますが、意外に考え方が遅れているのかもしれません。

7.2 『臨死体験(りんしたいけん)』に見る生命の不思議な働き

少し脇道にそれるかもしれませんが、立花隆の『臨死体験』の話を取り上げてみます。

スイス生まれ、米国の精神科医で『死ぬ瞬間』の著者エリザベス・キューブラー・ロスとの対談が載っています。

立花が質問する。

――ロスさん自身は、臨死体験以外に、体外離脱をしたという経験がありませんか。

「あります。何度もあります。好きなときに好きなように離脱出来るというわけではありませんが、十五年ほど前に、宇宙意識セミナーに出て、人間は誰でも体外離脱能力を持っており、訓練によってその能力を引き出すことが出来るということを学び、それが出来るようになったのです。そういうことが出来る人が、何千人、何万人といるのです」

――体外離脱してどこに行くんですか。

「いろんなところに行きます。その辺の屋根の上にとどまっていることもあれば、別の銀河までいってしまうこともあります。ついにこの間は、プレヤデス星団（すばる）まで行ってきました。その人たちは、地球人よりずっと優れた文明をもっていて、『地球人は地球を破壊しすぎた。もう元に戻らないだろう。地球が再びきれいになる前に、何百万人もの人間が死ぬ必要がある』と言っていました。

立花がさらに質問する。

——その宇宙意識セミナーについてもう少し説明してもらえませんか。

「それは止めときましょう——あとで本にするので、楽しみにしておいて下さい」

キューブラー・ロスとのインタビューは、この奇妙なやりとりで終わった。どんなに説得しても、この問題に関しては、それ以上話してくれなかった。と書いています。

彼は理由として、彼女は、「この男は私の話を信用していないようだ」と素早く感じとったのかもしれないと述懐しています。彼はプレヤデス星団に行ってきたなどという話を、そう簡単に信ずるわけにはいかないと言っている。大半の人はそう感ずるだろうし、そういう私も同じ意見です。

ところが、日蓮も同じことを書き残しています。日蓮は最澄や空海のように海外に留学はしていません。鎌倉時代には中国の仏教の経典の大半が日本に伝わっていましたから、行く必要もなかったともいえます。彼は、弟子に宛てた手紙に「インドには行ったことがないが瞬時に往復出来る」と書いています。仏教を少しばかり学んでみるとそのことが分かってきます。生命といっても、物質と心の世界です。物質の研究を優先した科学は、大きな成果を残しています。これに対し東洋は、特に仏教は心の研究を優先しました。しかし、科学技術や経済システムをリード出来るほどの力に出来なかったことが、現在の危機的世界を作りあげたともいえます。人間の五体は、さまざまな神経系統を通じて情報交換をしています。それによって五体を維持しているのです。人体は小宇宙ですから、大宇宙に張り巡らせたネットワークを人間の意識が移動するのは当たり前のことだとも言えます。生命の持つ力の開拓こそが、物質と心のバランスのとれた社会を作り上げることになるのではないでしょうか。

8. 智慧の開発による人類社会の変革
―〝理性の限界〟内の現代文明を〝智慧〟の力で再構築する―

8．1　開発段階に突入した日本社会

文明とは〝智慧の知識化〟のことです。眼に見えない世界を現実の世界に表現することです。具体的には十二因縁の世界を科学技術の力で具現化する作業です。十二因縁図は〝智慧の知識化〟のための設計図でもあるのです。図面を見れば物作り、制度作りができるのです。

開発のポイントは物質と心に分類されます。物質面では五感そのものの機能の拡充です。望遠鏡も顕微鏡も眼識の機能を科学技術で拡張したものといえます。最近は臭いを感知するものや身識（皮膚）なども開発されています。生命科学も生命の働きを促進または制御する技術です。心の面では、考える力、知

の働きの深化による欲望の制御などです。知の限界を越えた智慧の力の開拓です。これらは万人が自分の知力と努力で到達できるものです。特別な才能を持った人間のみが到達できるものでは、普遍的なものといえないのです。

智慧の力を追求していきますと、善の生命と統合化された世界が見えてきます。戦争等に使われない、善の働きを持ったＡＩ搭載型ロボットも可能でしょう。心の内面の智慧の力を科学技術の力で一般化することで、新たな世界が見えてくるでしょう。

私たちの体は多くの生命の集まりでできています。私たちは自分の五体を見ることができません。なぜでしょうか。身体の内部にいるから見えないのです。勿論、鏡やスマホなどで撮影したもので見ることはできますが、間接的に見ているに過ぎません。

それでは、見られないのかというとそうでもありません。事故等で瀕死の状態で路上に横たわる自分を見たという話を聞かれた人も多いのではないでしょうか。生命は階層構造をとっているのです。自分の五体の外の生命の識が自分の五体を認識できるのです。瀕死の五体も自分、見ている自分も自分なのです。これらは空の問題なのです。人間の智慧が磨かれると、自分の身体を動かすように、上層部の生命にその力を及ぼすことができるのです。善と宇宙空間を手に入れた人間が作る人類のための新たな文明です。日本の目指す〝人づくり〟の根底に流れる思想です。いかなる科学技術も生命そのものが、目的であって手段にしてはならないのです。個人の幸福も平和社会も人間が作るのです。

日本の未来、人類の未来を開く鍵は〝人づくり〟にあります。

その人の力が、政治、経済を変え、新たな文明を築いていくのです。

ここで掲げた開発目標はアイデアの僅かな例に過ぎません。アイデアは人の数だけあるのです。ヒントひとつでとんでもないものを生み出す人は多いのです。日本社会は長い歴史の中で心の文化を育ててきました。豊かな土壌を持っているのです。動き出せば、野火のようにまたたくまに広まるでしょう。

仏教に自解仏乗という言葉があります。「自ら仏乗を解す」と読みます。他から教えを受けることなく、自ら仏法の義、また仏の境智を悟ることです。天台も日蓮も自解仏乗の人です。

　つまり、仏教は仏になるための一つの縁であって、あくまでも生命の働きが基本だということです。システムの開発は仏教を理解するための補助的手段であって一人一人の人間の生きかたが重要なのです。

　異次元の文明社会に日本は既に突入したといって良いでしょう。米中対立の頂点、今世紀半ばには文明交替の様相が顕著になって来るでしょう。そこに向け、着々と準備をしていけば良いのです。八百年サイクルの宇宙のリズムが味方をしてくれるに違いありません。

（1）生命（心）の見える化

―「十二因縁」と「空（くう）」の世界をビジュアルに描く―

　人間は地上、海、そして空へと生きる空間を広げてきました。今や宇宙時代で、月での生活も現実になろうとしています。しかし、人間は空（くう）の本当の意味を理解していません。なぜ人間は自分の体の寸法を測りもせず、狭い空間を物に衝突することなく移動できるのでしょうか。なぜ人間は車や飛行機を物に衝突させることなく、操縦できるのでしょうか。なぜ人間は宇宙と一体なのに、宇宙を動かせることができないのでしょうか。これらは空間の意味を理解していないがゆえに起こる疑問です。

ＶＲ、仮想現実は「限りなく実体験に近い体験が得られる」技術です。ＶＲを通して得られるリアルな体験が、あたかも現実であるかのように感じられるということです。居ながらにして、世界中の店舗に入り買い物ができる時代に入りつつあります。

空の意味はＶＲとは異なります。広い宇宙空間を見ているのになぜ、空（くう）の世界が生まれないのでしょうか。それはＶＲは六識の世界だからです。空はさらに奥に存在する識が見る世界だからです。七、八、九識の働きを手に入れなければならないのです。どうすれば良いのでしょうか、十二因縁で説明しましたように、六識の曇りで奥の識が見えないのです。ゆえに、ポイントは心を清らかにすることなのです。つまり心を清らかにするシステムの開発ということになります。人体の構造と不思議な働きはかなり詳細にビジュアル化されています。十二因縁の心の世界との融合は新たな世界を現出するのではないでしょうか。

(2) 善と智慧を育てるロボット
―人間の悩みと悟りへの道をAIブッダが答えます―

仏教は心の学問です。良き生き方のための学問です。そのために経文があります。大乗経典五千四十八巻、膨大な論書も整理し、仏教の智慧をデータベース化し、AIを搭載したロボットブッダの開発も可能でしょう。当たり前のことですが、経典をそのままデータベース化する必要はないのです。経典は理論部分とブッダに到達するための手順と実社会での具体的対応を示したブッダの説話部分に別れています。理論的根拠は経にあります。

しかし、仏教思想を前面に出すと、宗教という既存の概念を連想することになり、人類普遍の法則になりませんので、最終的には既存の概念を物的エネルギーと心的エネルギーの領域まで高めなければなりません。なぜなら、言語も宗教も風俗習慣も人間が作り出した概念に過ぎないからです。

仏教思想に縁のうすい現代の子供達にとっては身体と心の働き、つまり、六識と脳の働きなど現実面から入るほうが分かり易いと思います。これをシステム化すれば良いということになります。つまり十二因縁のシステム化ということになります。人間の能力に似たシステムもあっても良いのですが、人間そのものの力を最大限引き出すためのシステムが本筋なのです。なぜなら時代の変化に対して人間は、ロボットよりも遥かに柔軟に対応できるからです。投資も少なくて済むのです。最近は健康状態を判断出来るものや、対話型ロボットなどが安く手に入る時代ですから、ブッダが当時の民衆を説教したように、それぞれの悩み苦しみに答えることも出来るようになるでしょう。さまざまな事件や事故を未然に防ぐこともでき、さらにその情報は蓄積出来るわけですから、老後の生き方、死に対する心得まで個人対応出来る日は近いかもしれません。

（3）宇宙空間から見た人間と地球の健康管理システム

宇宙から見れば人間は地球という星の地面にへばりつくように生きていると表現しても良いかもしれません。宇宙から見れば、地球は砂漠の砂の一粒に過ぎない存在ですが、地球なくしては生きられません。バードビューではなく、スカイビューの生きかたが求められる時代に入っています。生きる空間認識を拡大する必要があるのです。さらに心は極悪から極善までを持っています。空間の拡がりができても、心が冷戦状態であれば、宇宙が戦場になるのです。心が極善であれば平和社会が実現できます。心を開発し育てるシステムの開発は重要です。宇宙から地球の気象が観測できるように、人間の行動、心の状態、生きがいなどの情報を観測・管理できるシステムがあっても良いでしょう。人間の心のエネルギーと三災は密接に関わっていますから、さまざまな注意報も発信できるようになる日は遠くないかも知れません。

（4）宇宙船がなくとも宇宙旅行が出来る
―メタバース（仮想空間）の先の世界―

現代の科学技術はメタバースやホロポーテーション（立体の映像（ホログラム）を再構築し、圧縮してどこにでもリアルタイムで送信出来る新しい技術）など進化は止まる気配はありません。むしろ加速しています。問題はその使い方であり、それが生み出す格差です。全ては人間のため、このことは忘れてはならないことです。科学技術の生み出すものは、全て生命の働きの模擬の世界です。なぜなら、生命は六識だけで成り立っていないからです。そもそも、人間が外界の情報をたった五つの感覚でしか取り込めないこと自体が問題なのかもしれません。五つの道具でしか、外界の無限の情報を取り込めないのです。他の生きものは、別な道具を持っています。鳩のもつ方向感覚を知る力といわれる磁気感知能力や、イルカやコウモリの音波などです。それさえも一部なのです。だから見ている世界は一部であって、全体つまり真実の世界ではないのです。勿論、科学の力とその社会への貢献を否定するものではありません。残り五十パーセントの心の世界は面倒だから、まずは、そのように仮定しましょうということです。科学は人間の五感、その中でも視覚や聴覚を重視し、さまざまなものを生み出します。そこから得られる情報が一番多いからです。

人体と宇宙の持つ不可思議な世界は誰もが驚嘆し憧れるものです。現代科学の力と五十パーセントの心の法則を加えると、生命に更に近似したシステムができあがります。アイザック・アシモフの『ミクロの決死圏2』は、人間を縮小して体内に入れ脳の治療を行うという物語ですが、そのようなことをしなくとも、宇宙から見れば人間は十分に小さいのです。宇宙に行くためには、人間には酸素が必要だから宇宙船や宇宙服が必要であると考えますが、その発想は人間が五感、六識の生きものだからです。もともと宇宙空間は無限のネットワークで構成されています。物質だけではなく、心の情報も飛び交っているのです。心は識のことですから、宇宙船なしでの旅行も、夢ではありません。

9．現代文明プラス1(ワン)の時代へ
―文明の根幹に、善のパーツを組み込む―

9．1　新たな経済システム　―資本主義＋1(プラス)―

岸田政権の掲げる「新しい資本主義」の原点は「日本資本主義の父」と呼ばれる渋沢栄一の「論語(ろんご)と算盤(そろばん)」にあるといわれています。

企業の経済活動（算盤）は利潤追求だけに走らず、道徳（論語）と両立すべきだという考えに共感してのものです。論語も算盤もひと昔前という感じもしますが、日本人のこの心の持ちようが日本社会を支えてきたのではないでしょうか。日本人がという意味は自然との共存や他者との共生への考え方、生き方が生活基盤になっているということです。勿論、あらゆる生命はこの力を内面に備えていると説いているのが、十二因縁なのですが、これらを縁として人間の生きかたの質を向上させていくことが変革の大きな力になることは疑いあり

ません。

現代文明に欠けているものは、人間も生きものも自然環境も、全ては相互依存関係の上に成り立っているという考え方、生き方、社会の在り方です。それが善ということです。具体的には生命の尊厳、民主主義、自由、平等などですが、それを生み出す力が智慧です。それがプラス1（ワン）の意味です。

読売新聞の「語る」の欄で、京大名誉教授の佐伯敬思はこのように述べています。

新型コロナウイルスは、現代文明が元々抱えていた弱さを浮き彫りにしました。――過度な市場競争で弱体化していた医療のもろさが露呈しました。今、二つの考え方が対立し亀裂が大きくなっています。一つは「グローバリズムやイノベーション（技術革新）をさらに進め、いっそうの経済成長を達成すべきだ」というもの。もう一つは「経済成長の速度を落とし、良い意味で少し内向きになって、公共部門、身近な生活や家族、地域社会を立て直そう」という考えかたです。新自由主義の最大の問題は「人の能力をすべて金銭的な尺度で測り、利益と効率に還元する」という価値観を普遍化した点にあります。大事なことは、「金銭に還元出来ない、目に見えないものを大事にする」という方向に変えることです」と。

まったく同感です。新自由主義の問題が端的に表現されています。岸田政権が新資本主義を打ち出したときには、多くの人は新自由主義の問題を克服する道を示してくれるものと思ったのではないでしょうか。現在の資本主義が抱えている課題は多くの人は理解していて、このままでは人類社会は崩壊してしまうと危惧しているからです。参院戦勝利後、岸田政権は最重要課題として人材、科学技術、新興企業、脱炭素・デジタルの四本柱を掲げました。多くの国が取り組んでいる課題でもあります。決して目新しいものではありません。これらの四分野は、人材の数と質と資金量が大きく左右するといっても良いでしょう。最重要課題は人材にあるということはいうまでもありません。人材が育つ環境整備は政府の仕事ですが、その先は国民一人ひとりの力によるのです。日本には人材以外に主な資源がないともいわれています。その人材を生かした国作りをするには、日本という文明の特質を活用することであるという意見もあります。先進国の中でも格差が少なく、分厚い中間層は強味の一つです。ただし、従来とは発想を大きく転換する必要があります。日本の発展に貢献するというのは当然のこととして、人類としての文明的課題を克服する力にならなければならないという点です。二〇二二年のダボス会議で投資家のジョージ・ソロス氏はロシアのウクライナ侵攻に関して、「戦争が激化している一方で、気候変動との戦いは二の次にならざるを得ません。しかし専門家によると、私たちは既に大きく遅れをとっており、気候変動は取り返しのつかないものになりつつあります。それは我々の文明の終焉（しゅうえん）を意味するかもしれません」と。さらに世界は「開かれた社会（open society）」（国家の役割は個人の自由を守ること）と「閉ざされた社会（close society）」（個人の役割は国家の支配者に仕えること）という正反対の二つの政治システムの間で、ますます対立を深め、新型コロナウイルスのパンデミックや気候変動は後回しにされている、そのため私たちの文明は存続できないかもしれないと述べています。

これらの人類の課題を解決する力は人間内面の智慧の力にあることを本書では述べてきました。日本社会は文明を転換する能力を有しています。日本の役割は重大です。国連の組織改革を進めながら、国家の枠組みを漸進的に緩やかなものにして行くべきでしょう。私たちは地球人として生きていかなくてはならないのです。地球あっての人類社会なのです。従来型の資本主義だけではなく、人体の血流のように人類社会を潤す循環型の経済システムがあっても良いのではないでしょうか。

9．2　健全な生命の維持発展のための経済システム
—SDGs（エスディジーズ）＋1（プラスワン）—

SDGs（エスディジーズ）（「Sustainable Development Goals（持続可能な開発目標）」）が国連で策定されたのは二〇一五年九月二十五日で、「我々の世界を変革する：持続可能な開発のための二〇三〇アジェンダ」という文書です。このアジェンダ

の前文には、人間、地球及び繁栄のための行動計画であり、誰一人取り残さないと宣言しています。二〇三〇年を期限として、十七のゴール（①世界から貧困をなくすこと、②飢餓をゼロに、③すべての人に健康と福祉を、④質の高い教育をみんなに、⑤ジェンダーの平等を実現しよう、⑥安全な水とトイレを世界中に、⑦エネルギーをみんなにそしてクリーンに、⑧働きがいも経済成長も、⑨産業と技術革新の基盤をつくろう、⑩人や国の不平等をなくそう、⑪住み続けられるまちづくりを、⑫つくる責任つかう責任、⑬気候変動に具体的な対策を、⑭海の豊かさを守ろう、⑮陸の豊かさも守ろう、⑯平和と公正をすべての人に、⑰パートナーシップで目標を達成しよう）、百六十九のターゲット、二百三十二の指標を掲げています。

二〇三〇アジェンダは、「気候変動」「生物多様性」「感染症」といった個々の課題だけではなく、それらの課題がお互いに関連し、相互に依存しているという「相互関連性」を強調し、「統合的な解決」を目ざしているところに大きな特徴があります。

この計画がなかったなら、世界はもっと悲惨な状況にあったでしょう。ＳＤＧｓの目標は人間にとって、人間らしく生きていく最低限の目標なのです。国連総意のもとに出来上がったのです。それを破壊する行為、戦争は犯罪行為であることに疑いありません。人間の意識の変革、人間の心の開拓、善の連帯、国連の改革は待ったなしなのです。

9．3　健全な情報のためのＩＴ（アイティ）システム　―ＧＡＦＡ（ガアファ）＋１（プラスワン）―

ＧＡＦＡはグローバル化と生活の便利さに大きく貢献してきたことは疑いないことでしょう。そして、格差を助長してきた負の面も指摘されています。グローバリズムやイノベーション（技術革新）は人間本来の欲求でもあります。その流れを止めることは出来ないでしょう。問題は、何のためのイノベーションか、誰のためのイノベーションかということです。さらに、その利益を如何に公平に人類に還元するかということです。情報システムは人体でいえば、神経系統にあたります。正しい情報と正しい判断機能が働いて健康な体が保たれるのです。現在のビッグデータの多くは人間の知が生み出した妄想の産物であり、そのデータをもとに考えるＡＩは善悪の判断機能を持っていないのです。ジョージ・ソロス氏は、「開かれた政治システム」と「閉じられた政治システム」の二つの政治システムを加速させた理由の一端は、デジタル技術、特に人工知能の急速な発展があるとしています。「理論的にはＡＩは政治的に中立であるべきです。つまり善にも悪にも使うことができるのです。ＡＩは抑圧的な政権を助けた」と。生命重視の人間の生き方の変革とともに、デジタル技術とＡＩの改革も必要なのです。智慧のデータを増やすことと相互依存関係（善悪）を判断できる機能をＡＩに組み込む必要があります。

それを実現できるのは、善の心を持った人です。ゆえに、心の教育が最も重要なのです。

10．十二因縁とブッダと人生と
―一人の変革が地球の運命を変える―

10．1　動き出した新たな地球文明
―「これ（善）が生起するからこれ（文明）が生起する」―

ロシアのウクライナ侵攻は、あらゆるものが相互依存関係にある中で、欲望に翻弄される一人の人間に全権を委ねることが、どれほど悲劇的な結果をもたらすかを示して余りあるできごとです。全権を委ねた側の責任もまた問われなければなりません。地球の歴史、人間の歴史の時間に比べれば、百年の人生は一瞬の夢のようなもの。ましてや権力の座に座る時間は夢のまた夢。イナズマの一瞬の光のように短い。自分一人の力で国を作ったなどと考えるのは妄想の極みです。権力者が地上から消えても歴史は続くのです。

人間の知の奥底にある因果の法則から見れば、行動はこれまで積み重ねられ

て来た妄想の結果です。それが因となって、次の果を生み出す。その果は確実に個人が、国家がそして、人類全体が負うことになります。極端な見方をすれば、人類が歩むべき道は二つあります。人間の進化の道か、他の種にこの地球の主導権を渡すかということです。このことは過去の地球の歴史を見れば明らかです。〝核使用〟という危機に人類は新たな心を芽生えさせたのではないでしょうか。生きものを生み出す本源的な力の中に善悪が混在しているのであれば、人類の未来は悲観的と言わざるを得ません。しかし、仏教は最も深いところに存在する力は善のみであると発見したのです。そのことを十二因縁に示しました。〝力無き善はむしろ、悪を助長させる〟のです。中国の万里の長城がそうであったように、核爆弾が無用の長物と化すような新たな文明の誕生を願うものです。持続可能な人類社会は万人にとって最大の目的です。

10．2　日常の全てが十二因縁を学ぶ道場

（1）全ては日常の中に

十二因縁といっても、難しい話ではありません。今、生きている自分自身のことです。過去も、未来も現在の中に含まれています。さまざまな社会環境や人間関係の中で、喜怒哀楽の感情の起伏は当たり前のことです。毎日の生活そのものが最高の修行の場です。最も身近なものは夫婦関係です。意見が一致することはあまりありません。右と言えば左と言い、左と言えば右と言います。若い時はそれで口論になることも少なからずありましたが、歳を重ねてくるとそれが当たり前と思うようになりました。それが智慧なのでしょう。仏教では夫婦は眼の両眼に例えられます。右眼の網膜にうつる映像と左眼の網膜にうつる映像は微妙に異なります。そのため立体感が得られます。両眼は太陽と月にも例えられます。昼は太陽が大地を照らします。太陽が沈んだ後は月が大地を照らします。片方が無くなれば大地に闇の部分が生まれます。全てに完璧な人

間はいませんから、互いの存在は相互関係にあり、より豊かな人生を送るのには得難いものなのです。

人間は知の動物であるとともに、感情の動物でもあります。歓喜の声をあげることもあれば瞋りに震えることもあります。一時的な感情に流され行動を起こした時に不幸な結果を起こすことが多いのです。心の仕組み、心の法則を知っておくだけでも随分と日常に変化があります。心の曇りを払うコツが十二因縁の逆観なのです。車の窓の曇りをワイパーで払うように心の訓練をすれば良いのです。慣れればその意味するところが見えてきます。チョットとした心の訓練で防げる事件や事故もあると思います。感情に左右されない鎧を心に纏うのです。仏教ではこのことを〝忍辱の鎧を着る〟と言います。

人間は一時的な感情に流されやすい生きものです。仏教はそれを誡めた言葉を八つに纏めています。八風ともいい、「八風に侵されない人を賢人」と説いています。利（利益・繁栄）、衰（勢力の衰退）、毀（名誉が傷つけられること）、誉（名声・栄誉）、称（称賛）、譏（誹謗を受けること）、苦、楽の八種です。毀誉褒貶(へん)に影響されない人のことです。全てを満たすことは難しいと思いますが、意識し努力していくことが大事と思います。一見すれば無感動、無表情で生きることかと質問が出そうですが、そうではありません。八つの全てを知り尽くして、なおかつ心を動かさないことなのです。海に例えれば、波の動きを知りつつ、海底の穏やかな海に心を置くのです。壮大な力を生み出すために耐えるのです。これが一切の戦いに勝利する要諦(ようてい)であると経文にも説かれています。善にせよ、悪にせよ、積み重ねられたものがその人自身です。善悪の判断は自分の心が汚れているか、清らかであるかの違いです。汚れをもって行動すると悪、清らかな心で行動すると善となります。別な言い方をすれば、智慧をもって行動すれば善となります。なぜなら智慧は真実を見る力だからです。真実を知ると人間は心穏やかに、清らかになるのです。悪をしないことも善になります。

如何なる理由があろうとも絶対にしてはならないことは人を殺すことです。法によって罰せられ、身柄は拘束され自由を奪われます。その苦しみから逃れることは出来ませんし、来世まで持ち越すのです。そこに至る前に、さまざまな葛藤（かっとう）があったはずです。その因を早めに退治（たいじ）し善の心を育てることです。生き方には二通りあります。心の悪に対し守りの姿勢でいくか、攻めの姿勢でいくかということです。ブッダが善を勧めている理由は、攻めの中に防御も含まれるからです。善を行った方が楽なのです。善の集合体はやがて国を動かし、新たな時代を作ることになります。仏教が善を薦める究極の理由は、個人の幸福の実現のみならず、三災七難を防ぎ一切衆生を救う力となるからです。

人生は百パーセント自己責任なのです。なぜでしょうか。宇宙は一個の生命体で、自分の生命と連動しているからです。宇宙イコール自分だからです。ゆえに、自分を愛するように他者を愛する心が働くのです。そこには他者、環境への思いやりがあるのです。

その生きかたを仏教は求めてきたのです。そうでなければ、自分の不幸は他人、国の責任という生きかたになるからです。

個人の集合体が国ですが、世界を見ても色々な国があります。平和な国、豊かな国、専制国家、民主主義の国家、内乱を繰り返す国家など、それぞれの国の形(かたち)は国民一人一人が作り上げたのです。平和も三災も人の心の中から生まれます。全ては人間の生き方に帰着します。一人一人が国の枠を超え、地上に生を得たことに感謝をしながら持続可能なこの地球(ほし)のために何が出来るかを考える時ではないでしょうか。

（2）世界は美しいもので、人間の生命(いのち)は甘美(かんび)なもの

中村元は『ブッダ伝』でブッダの入滅についてこのように書いています。

サンスクリット文には、さらに「世界は美しいもので、人間の生命は、甘美(かんび)なものだ」という胸に迫る表現がついています。霊樹(れいじゅ)の美しさもさることながら、人の世も美しく麗(うるわ)しいものだ、人間が生命をもっていることは、まことに甘美なものだと讃嘆(さんたん)しています。人が自分の死を察知するとき、この世に名残を惜しみ、この世の美しさや人間の恩愛に打たれるものですが、人間ブッダもきっとこのような心境ではなかったかと思われます。自分が生きている自然風土に美しさと喜びを感じ、有縁(うえん)の人々に感謝して、

自分の一生を楽しかったと思って去ってゆくのは、最高の心境ではなかろうかと思います。「人間は苦なる存在である」というのは、仏教の出発点であって、数十年の熟慮反省の結果、ついに「人間の味わい深さ、美しさ、楽しさ、喜び」を体得するのが本当の人間の道であるとの境地に達します。

大乗仏教の最高経典である『法華経』、唯一、日本に広まった『法華経』、その従地涌出品第十五に、末法という悪世に世の中を変革する力を持った無数の地湧の菩薩が出現する話が出てきます。それが日本社会に出現すれば『法華経』は完成し、その役割を終えることになります。この経文をどのように捉えるかは、各人の自覚によることになります。

(3) 自灯明と法灯明

ブッダの入滅がせまったとき、アーナンダは、ブッダに最後の説法をお願いします。その説法は私たちの心を痛切に打つものでした。まず、ブッダのさとった真理は、すべて万人に説き明かされたと宣言しています。

「アーナンダよ。さとった理法はすべて説き終えたし、わたくしは、また教団を指導してゆくものでもない。これ以上、何をせよ、何を語れというのか。ただ、必要なことは、真理（ダルマ）を実践し、よく瞑想し、広めることである」というのです。それではブッダ亡き後、何をたよればよいのでしょうか。「この世でみずからを島（しま）とし、みずからをたよりとして、他のものをたよりとせず、法を島とし、法をよりどころとして、他のものをたよりにするな」

とブッダは答えます。島は「灯明（とうみょう）」と漢訳され、日本には自灯明（じとうみょう）と法灯明（ほうとうみょう）の教えとして広く伝えられてきました。

ことにあたって最終的な決断を下すのは自分です。自分がすべての責任を持たなければなりません。ただ、自分にたより、自分が決めるといっても、我執（がしゅう）

にとらわれた自分の判断ではありません。それは、ブッダの悟った真理、つまり法（ダルマ）に照らして自分が決定するのです。ですから自己に頼ることは、同時に法を頼ることになるのです。

修行僧たちは、いかなる外的なものにも頼ってはいけない。ただ自己をよりどころとし、永遠の真理をよりどころとしなさい。

これはブッダが生きていようが、死んでいなくなっても、この理法は変わらないのだとさとしています。

この考えかたは、中国、日本へと伝えられひとつの完成を見ることになります。真理である法は本尊というかたちで顕され、それを実践する自分自身が修行によって、本尊となると結論づけされます。法と人は一体になるということです。

つまり、ひとりの人間としての生き方、振舞いそのものがブッダということなのでしょう。

この世で信ずるに値するものは、法を信ずる自分の心以外にない。信ずるべきは法を信ずる自分の心のみということです。

弟子のスバッタへの言葉である。

「スバッタよ。わたしは二十九歳で、何かしら善を求めて出家した。スバッタよ。わたしは出家してから五十年余となった。正理(しょうり)と法の領域のみを歩んできた。これ以外には〈道の人〉なるものも存在しない」

ここで注目されるのは、ブッダは「善を求めて」出家したのであり、善でも悪でもない「さとり」を求めて出家したのではないということです。「いかによく生きるか」が最大の関心事だったのではないでしょうか。

そこでブッダは「さあ、修行僧たちよ。お前たちに告げよう。『もろもろの事象は過ぎ去るものである。怠ることなく修行を完成なさい』と」

これが修行をつづけて来た最後のことばであった。

(『マハーパリニッバーナ・スッタンタ』)

「善を求めて生きる」「いかに良く生きるか」そのために、自分の内面の善の生命を磨き、現実の社会のさまざまな事象を分析して悪を止める生き方が必要なのです。

ゆえに、政治においても、経済においても、科学においても、そして宗教においても、他者に頼ってはならないのです。

この世に法を信ずる自分の心以外、信ずるに足るものは存在しないのです。

他に頼って安住しようとするとき、待っているのは個人・一家の敗北と組織・国家の衰退だけなのです。法を基盤とした人間の連帯の姿が十二因縁の理想社会なのです。

そのような新たな文明の波が起こりつつあります。新たな文明の成の姿をイメージしながら。自分らしく、日本らしく前進すれば良いのではないでしょうか。

人生は短い。この世は無常の世界です。しかし、間断無き無常の連続こそ生そのものなのです。十二因縁はそれを示しています。誰もがこの世に役割をもって生まれて来ています。全体を支える自分、支えられた全体もまた自分自身なのです。

—国があなたのために何をしてくれるのかを問うのではなく、あなたが国のために何を成すことが出来るのかを問うて欲しい—

ジョン・F・ケネディ

Ask not what your country can do for you; ask what you can do for your country.　John F Kennedy

（完）

〈参考文献〉

『銃・病原菌・鉄（上、下）』ジャレド・ダイアモンド　草思社

『ホーキング、宇宙を語る』ホーキング・w・ステーブン　早川書房

『ゼロからわかる人工知能』Newton別冊　ニュートンプレス

『人体　完全ガイド』Newton別冊　ニュートンプレス

『１３８億年の大宇宙』Newton別冊　ニュートンプレス

『死とは何か』Newton別冊　ニュートンプレス

『ディープラーニング』金丸隆志　講談社

『ＧＡＦＡ』スコット・ギャロウェイ　東洋経済新報社

『日本人とは何か』加藤周一　講談社

『人類５万年文明の興亡（上、下）』イアン・モリス　筑摩書房

『サピエンス全史（上、下）』ユヴァル・ノア・ハラリ　河出書房新社

『世界全戦争史』柘植久慶　ＰＨＰ研究所

『異常気象と地球温暖化』鬼頭昭雄　岩波新書

『地球46億年気候大変動』横山祐典　講談社

『ＥＳＧ投資』水口剛　日本経済新聞出版本部

『感染症の世界史』石弘之　KADOKAWA
『コロナ後の世界』ジャレド・ダイアモンド他　文藝春秋
『コロナ後の世界を生きる』村上陽一郎　岩波書店
『コロナ後の世界を語る』イアン・ブレマー他　朝日新聞出版
『新型コロナウイルスの真実』岩田健太郎　ベストセラーズ
『ペスト』カミュ　新潮社
『デカメロン（上）、（下）』ボッカッチョ　河出書房新社
『記憶のしくみ（上、下）』
ラリー・R・スクワイア／エリック・R・カンデル　講談社
『「欲望」と資本主義』佐伯啓思　講談社
『さらば、資本主義』佐伯啓思　新潮新書
『SDGs』稲葉雅紀・南博　岩波新書
『貨幣の「新世界史」』カビール・セガール　早川書房
『因果性と相補性』ニールス・ボーア　岩波書店
『思考は現実化する（上・下）』ナポレオン・ヒル　きこ書房
『思考が物質に変わる時』ドーソン・チャーチ　ダイヤモンド社
『イメージは物質化する』ボブ・プロクター　きこ書房

『物質と心』ダライラマ・利根川進　サンガ
『科学とは何か』佐倉統　講談社
『タオ自然学』フリッチョフ・カプラ　工作舎
『文明が転換するとき』服部匡成　幻冬舎メディアコンサルティング
『心は量子で語れるか』ロジャー・ペンローズ　講談社
『脳と心の量子論』治部眞里／保江邦夫　講談社
『脳にいいことだけをやりなさい』
　マーシー・シャイモフ／茂木健一郎訳　三笠書房
『脳と仮想』茂木健一郎　新潮社
『心と脳』安西祐一郎　岩波書店
『五感の脅威』ローレンス・Ｄ・ローゼンブラム　講談社
『山中伸弥』山中伸弥　講談社
『ｉＰＳ細胞』黒木登志夫　中央公論新社
『ｉＰＳ細胞の世界』監修者・山中伸弥　日刊工業新聞社
『臓器たちは語り合う』丸山優二　ＮＨＫ出版
『ＣＲＩＳＰＲ』ジニファー・ダウドナ　文藝春秋
『西洋哲学史』熊野純彦　岩波新書

『西洋科学史Ⅳ』Ｈ・Ｊ・シュテーリヒ　社会思想社
『世界の武器の歴史』チャック・ウイルズ　グラフィック社
『文明が衰亡するとき』高坂正堯　新潮選書
『文明の研究』村山節　光村推古書院
『ガイアの法則』千賀一生　ヒカルランド
『死という最後の未来』石原慎太郎・曽野綾子　幻冬舎文庫
『臨死体験（上、下）』立花隆　文藝春秋
『宇宙からの帰還』立花隆　中央公論新社
『ミクロの決死圏２』アイザック・アシモフ　早川書房
『新世界史』カビール／セガール　早川書房
『防衛白書（令和２年度）』防衛省・自衛隊　日経印刷
『警察白書（令和２年度）』国家公安委員会警察庁　日経印刷
『日本宗教史』末木文美士　岩波書店
『原始仏典』中村元　筑摩書房
『ブッダ伝』中村元　KADOKAWA
『ゴータマ・ブッダ』並川孝儀　佼成出版社
『宗教意識の国際比較』真鍋一史　北海道大学出版会

『日本仏教史』末木文美士　新潮社
『比叡山史』村山修一　図書印刷
『宗教的経験の諸相（上）、（下）』W・ジェームス　岩波書店
『倶舎論の原典研究（隋眠篇）』小谷信千代／本庄良文　大蔵出版
『阿頼耶識の発見』横山紘一　幻冬舎
大乗仏典1『般若経典』中村元　東京書籍
大乗仏典2『法華経』中村元　東京書籍
大乗仏典3『維摩経』『勝鬘経』中村元　東京書籍
大乗仏典4『浄土経典』中村元　東京書籍
大乗仏典5『華厳経』『楞伽経』中村元　東京書籍
大乗仏典6『密教経典・他』中村元　東京書籍
大乗仏典7『論書・他』中村元　東京書籍
『竜樹』中村元　講談社
『世親』三枝充悳　講談社
『大乗仏典（1）般若部経典　長尾雅人他　中央公論新社
『大乗仏典（2）八千頌般若経Ⅰ』梶山雄一　中央公論新社
『大乗仏典（3）八千頌般若経Ⅱ』梶山一雄・丹治昭義　中央公論新社

『大乗仏典（6）浄土三部』山口益・桜部建他　中央公論新社
『大乗仏典（7）維摩経・首楞厳三昧経』長尾雅人　中央公論新社
『大乗仏典（12）如来蔵系経典』高崎直道　中央公論新社
『大乗仏典（14）竜樹論集』梶山雄一　中央公論新社
『大乗仏典（15）世親論集』　長尾雅人　中央公論新社
『摩訶止観（上、下）』関口真大　岩波書店
『天台小止観』関口真大　岩波書店
『ブッダの実践心理学（第1巻　物質の分析）』
アリボムッレ・スマナサーラ　サンガ
『ブッダの実践心理学（第2巻　心の分析）』
アリボムッレ・スマナサーラ　サンガ
『ブッダの実践心理学（第3巻）心所（心の中身）の分析』
アリボムッレ・スマナサーラ　サンガ
『ブッダの実践心理学（第4巻　心の消滅の分析）』
アリボムッレ・スマナサーラ　サンガ
『ブッダの実践心理学（第5巻　業（カルマ）と輪廻の分析』
アリボムッレ・スマナサーラ　サンガ

『ブッダの実践心理学（第6巻　縁起の分析）』
　アリボムッレ・スマナサーラ　サンガ
『シリーズ大乗仏教（7）唯識と瑜伽行』高崎直道　春秋社
『米中対立』佐橋亮　中央公論新書
『中東新秩序の形成』山内昌之　NHK出版
『知立国家イスラエル』米山伸郎　文藝春秋
『アラブ人とユダヤ人』デイヴィイットK・シプラー　朝日新聞社
『ジャスミンの残り香』田原牧　集英社
『プラハの春（上・下）』春江一也　集英社
『脳と心の秘密』ユニバーサル・パブリシング株式会社　学研プラス
『ヒトとイヌがネアンデルタール人を絶滅させた』パット・シップマン　原書房
『ネアンデルタールと現代人』河合信和　文春新書
『AI活用地図』本橋洋介　翔泳社
『マクルーハンとメディア論』柴田崇　勁草書房
『世界のトップ企業50はAIをどのように活用しているか？』
　バーナード・マー／マット・ワード　ディスカヴァー・トゥエンティワン
『マクルーハン理論』M・マクルーハン、Eカーペンター　平凡社

著者プロフィール

長澤 義満（ながさわ よしみつ）
1946年　福島県生れ
1965年から2006年まで、株式会社日立製作所に勤務、
コンピュータシステム開発などに従事
一般社団法人「人工知能学会」会員
創価大学　経済学士
著書『碧い大地』（文芸社、2020年）
茨城県在住

十二因縁

二〇二三年四月十八日　初版第一刷発行

著　者　長澤義満
発行者　谷村勇輔
発行所　ブイツーソリューション
〒四六六・〇八四八
名古屋市昭和区長戸町四・四〇
電　話　〇五二・七九九・七三九一
ＦＡＸ　〇五二・七九九・七九八四
発売元　星雲社（共同出版社・流通責任出版社）
〒一一二・〇〇〇五
東京都文京区水道一・三・三〇
電　話　〇三・三八六八・三二七五
ＦＡＸ　〇三・三八六八・六五八八
印刷所　モリモト印刷

万一、落丁乱丁のある場合は送料当社負担でお取替えいたします。ブイツーソリューション宛にお送りください。

ISBN978-4-434-31991-4